10A

Urban
Spaces

Urban
Spaces

Author	MARC FINE
Publishing Director	NACHO ASENSIO
Project Coordinator	IVAN BERCEDO (ARCHITECT)
Design	CARLOS GAMBOA PERMANYER
Layout	NÚRIA SORDÉ ORPINELL
Production	JUANJO RODRÍGUEZ NOVEL
Texts	SYLVIE ASSASSIN, PATRICIA BARBERÁ, IVAN BERCEDO, ESMERALDA FRANCISCO, RAQUEL LOSANTOS, ALFONSO MUÑOZ, SYLVIA OUSSEDIK, MAURICI PLA, MOISÉS PUENTE, ANNA PUYUELO, JOSÉ SERRA
Translation	DAVID BUSS, ELAINE FRADLEY, TREVOR FOSKET
Photographers	CB Fotos, Eduard Mainés, David Cardelús (*Rambla Prim*) Lluís Casals (*Three Squares in the Olympic Village*) Bruce Mackenzie (*Coogee Beachfront*) Rion Rizzo, David Walker (*Rio Shopping Center*) Karl D, Bühler/Comet Photo AG (*Union Bank Park*) Y. Futagawa/Retoria, Shinkenchiku-sha (*Yamashita Park*) Maxwel Anderson, Neil Folberg (*Neve Zedek Plaza*) Harua Hirota *(Nanasawa Forest Park)* David Cardelús *(Parc del Valira)* Dixi Carrillo *(Centrum)* Motto Grande Quarry Park *(Paolo L:Bürgi)* Claire Corajoud, Michael Corajoud, Jacques Coulon *(Parc de Sausset)* SWA Group *(Golden Gate National Recreation), (Arizona Center)* BDP Landscape *(Cannon Bridge Roof Garden)* Michael Van Valkenburgh & Associates *(50 Avenue MontaigneCourtyard)* Hargreaves Associates *(Prospect Green)* Hanna/Olin, *(Canary Wharf), (Hotel Arts)*

Copyright © 2002 Atrium Group

Publishing project: Books Factory, S.L.
e-mail: books@booksfactory.org

Published by: Atrium Internacional de México, S.A. de C.V.
Fresas nº 60 (Colonia del Valle)
03200 México D.F. México

Telf: +525 575 90 94
Fax: + 525 559 21 52
e-mail: atriumex@laneta.apc.org
www.atrium.com.mx

ISBN: 84-95692-18-X
Dep. Leg.: B-52.094-2002

Printed in Spain
ANMAN Gràfiques del Vallès

The idea of designing landscape is a form of creativity that has been practised for centuries, but only in the second half of this century has it received the same institutional, academic and public recognition as other humanistic activities like architecture and art. Only recently has landscaping begun to be rationally studied and, like other artistic underlying principles and aims are little know to the general public, which often mistakes or belittles its intentions and results.

A superficial conception of landscaping is often based on one of two clichés. The first is that it is merely decorative, a creative act with purely aesthetic or ornamental aims, without any human or cultural effects. The second misconception, simplistic and ingenuous, is that it is really nothing more than tradicional garden design, and this leads to the mistake of considering landscape as no more than vegetation.

Urban Spaces aims to clear away these misinterpretations based on clichés and establish what the underlying basics of landscaping are, thus helping the community to understand better the role that landscaping can play in a modern society. The projects included in this book clearly show that landscaping is not a selfish, individualistic activity with purely ornamental objectives, but has conceptual values and aims with profound effects on the social and cultural dynamics of our day-to-day environment.

One of the distinguishing features of landscaping, possibly the most useful one, is its humanistic and cultural content. Perhaps it is necessary to add a few comments to the above statement. To begin with, the very concept of landscape necessarily implies human presence, the subject that perceives, interprets and relates to the space in question. This two-way relation is the basis that landscapers work on. They do not try to dominate, control or transform nature, but to re-create this relationship using a new system of alterations that combines the biological rhytms of these two basically similar realities (natural and human).

Landscaping has had a role to play in all civilizations, as a sort of interface between humanity and nature. The cultural interpretations of this relationship. There were different ideas behind the mystical and religious symbolic use of vegetation in antiquity, the Renaissance gardens that defied divine supremacy by their use of symmetry, and the naturalistic designs that became popular at the beginning of the XVIII century. These examples show the historical presence of the idea of creating landscape, i.e.; the way each culture perceives nature and relates to it.

Contemporary societies are living one of the most difficult moments of human history, possibly the last. The landscape architect must work in a situation of increasingly large

A pesar de que el paisajismo es una disciplina creativa respaldada por varios siglos de tradición, hasta la segunda mitad del siglo XX aproximadamente, no se ha producido el reconocimiento institucional, académico y público que comience a situarlo al mismo nivel de otras ramas y actividades humanísticas, tales como la arquitectura o el arte. No obstante, como cualquier manifestación que no presente una filosofía y una estructura suficientemente consolidadas, debido a lo incipiente de su estudio racional, los principios formales y los objetivos esenciales del paisajismo son poco conocidos por un público medio, que frecuentemente confunde o minimiza sus propuestas y resultados.

Así, los tópicos sobre los que se asienta la concepción superficial de esta disciplina están encaminados en dos direcciones: por una parte, está considerada como un acto creativo de vocación puramente estética u ornamental, con una finalidad decorativa sin incidencia en la escala humana y cultural de su entorno; por otra, la actividad paisajística se confunde de manera simplista e inocente con las técnicas más tradicionales de la jardinería, llegándose a crear una equívoca situación en la que paisaje y vegetación se sitúan sobre un mismo plano de conocimiento.

Los planteamientos que animan este libro pretenden acabar con estas malas interpretaciones, basadas en tópicos y lugares comunes, con el objeto de establecer los auténticos fundamentos de esta disciplina y contribuir a una mayor comprensión de su papel en la sociedad actual. Los proyectos que conforman este libro son claros ejemplos de que el paisajismo no es una actividad endógena o independiente, basada únicamente en propuestas ornamentales, sino que persigue valores y conceptos mucho más integrados en la dinámica social y cultural de nuestro entorno cotidiano.

Uno de los principales rasgos distintivos, posiblemente el que mejor identifique la actividad paisajística, es el de su dimensión cultural y humanística. Es preciso anotar algunas consideraciones que maticen el verdadero sentido de esta afirmación. En primer lugar, es evidente que el concepto propio de paisaje implica necesariamente la presencia del ser humano, como sujeto que lo percibe, lo interpreta y establece una conexión con dicho espacio. Esta interrelación, de doble sentido, es la base sobre la que se asienta la labor del paisajista: el autor no busca dominar, someter o transformar la naturaleza; simplemente, pretende materializar la mencionada relación sobre un nuevo sistema de adecuación que conjugue los ritmos biológicos de esas dos realidades (la natural y la humana) que, en el fondo, son la misma.

Desde el punto de vista de su valor cultural, el paisajismo ha estado presente a lo largo de todas las civilizaciones como forma de reconciliación entre el hombre y la naturaleza. Sin embargo, las claves culturales de cada momento histórico han revestido esa relación de significaciones dispares. No respondían a las mismas motivaciones, por ejemplo, la simbología místico-religiosa de la vegetación en la antigüedad, los jardines simétricos que rechazaban la supremacía divina durante el Renacimiento o los espacios de vocación natura-

cities, growing populations, the gradual disappearance of natural resources and the subordination of society to economic interests.

This new situation, with global problems that bring politics into conflict with ecology, means that landscaping must be approached with a modest attitude, if not from a position of weakness. However, its practitioners seem to have been given the decisive role of continually reminding us of the importance of the ancestral relationship between humanity and nature. This role is indispensable in the context ot the modern city, in most cases little more than a shapeless mass of streets, cement ang glass. This does not satisfy the innate emotional relationship between the individual and the environment, established over the course of evolution.

This volume, aims to observe and interpret the most interesting and worthwhile landscape projects in contemporary town planning. In the words of the prestigious Spanish FAD awards this category includes «squares, parks, roads, property divisions, gardens or any other development that shapes the landscape» of the city.

The scope of this definiton would explain the inclusion of all the projects analysed in this volume. However, they all respond to a further set of similar criteria and principles that justify their presence. They all comply with the fourth level of Roberts Irwin's now standard classification, that a scheme should be generated by the site's characteristics (physical, cultural, historial and human).

The vagueness of this conclusion can be made more precise by studing a set of attitudes and solutions that are repeated in contemporary urban landscaping: interventions in historic settings must respect their context, paying special attention to the genius loci, while improvements and changes are often desired in peripheral areas; they should also use resources borrowed from nature (light, water, plants and minerals), but taking into consideration their biological rhythms (the sensation of movement, the passing of time, seasonal changes, etc). They should also introduce art into institutional and academic conceptions of art, and part of the daily life of ordinary people, the people who should benefit from landscaping.

lista que comenzaron a imperar a principios del siglo XVIII. Estos antecedentes sirven para ejemplificar la constante presencia, a lo largo de la historia, de la actividad paisajista, entendida como la forma que tiene cada etapa cultural para apercibir la naturaleza y su relación con ella.

El momento histórico que están viviendo las sociedades contemporáneas es uno de los más difíciles y controvertidos de toda la civilización humana: el arquitecto paisajista tiene que enfrentarse a la progresiva masificación demográfica y urbanística de las ciudades, a la paulatina desaparición de los recursos naturales y a la preponderancia de los intereses económicos como factor que rige los destinos de la sociedad.

Ante esta nueva realidad, plagada de polémicas de orden mundial que efrentan posturas politizadas y ecologistas, la labor del paisajista sólo puede ser concebida desde una actitud de modestia y casi de impotencia. Sin embargo, a ellos parece corresponder el decisivo papel de recordar en todo momento la importancia de la relación ancestral entre el hombre y la naturaleza. Esta misión se revela especialmente indispensable en el contexto de la ciudad contemporánea, concebida en la mayoría de los casos como un informe amasijo de calles, cemento y cristal, que no satisface la relación emocional y congénita establecida a lo largo de millones de años entre el individuo y su entorno natural.

Los objetivos de esta obra están dirigidos a la observación e interpretación de las propuestas paisajísticas más interesantes y enriquecedoras dentro del contexto urbanístico actual. Como especifica una de las categorías de los prestigiosos premios FAD, institución a escala del estado español, se engloban en este apartado todas aquellas «plazas, parques, viales, medianeras, ajardinamientos o cualquier intervención urbanística que conforme el paisaje» de la ciudad.

La amplitud de esta definición puede servir para justificar la pluralidad de los proyectos analizados en este volumen. Sin embargo, todos responden a una serie de criterios y principios que acreditan su presencia en el mismo y que se pueden resumir en su adscripción al cuarto nivel de la ya clásica taxonomía de Robert Irwin, aquél que determina una actuación generada por las propias características (físicas, culturales, históricas y humanísticas) del lugar.

La generalidad de estas consideraciones puede ser concretada a partir de la observación de un conjunto de actitudes y soluciones recurrentes en el panorama del paisajismo urbano contemporáneo: intervención respetuosa en contextos históricos, con una especial atención a su genius loci, frente al carácter de recualificación y dignificación de las actuaciones en zonas periféricas; utilización de recursos prestados por la naturaleza (luz, agua, especies vegetales y minerales), pero atendiendo a la comprensión de sus ritmos biológicos cambiantes (en conceptos como la aprehensión del movimiento, del fluir del tiempo, de los cambios de estaciones, etc); y, por último, introducción de manifestaciones artísticas en la dinámica sociocultural del paisaje urbano, alejadas de su concepción institucional y academicista e integradas en la realidad cotidiana de las personas, para las cuales, como principales beneficiarias, está concebido el paisajismo.

Detail of flower bed.

Detalle del parterre.

Palm Plaza Promenade

Tract Consultants

Location: Melbourne, Australia
Client/Promoter: Dandenong Council
Collaborators: Bill Williams, Scroggie Consulting Engineers

Palm Plaza is a pedestrian promenade that brings together retail commercial space, improves circulation and includes a series of attractive spaces for passers-by. The project arose from the need to correct and ease the serious problems affecting the former McCrae Street, once described as an urban nightmare.

Tract Consultants is a landscaping and town planning studio, founded in Melbourne in 1970, that now has offices in Sydney and Brisbane. It has become famous for its track record of success and achievements in national competitions. Since they started, the partners have been active in teaching and promoting the fledgeling profession of landscape architecture in Australia. Their combined qualifications give this studio a unique technical and design base. Howard McCorkell (Melbourne, Australia, 1940) is the studio´s manager, contributing his knowledge of residential planning and the coordination of interdisciplinary studies, an essential part of Tract Consultants´work. Dr Rodney Wulff (Wagga Wagga, Australia, 1946) graduated from Iowa and Harvard Universities, and is in charge of project management, both within Australia and overseas; his skills are in landscaping and town planning. George Gallagher (Melbourne, Australia, 1950) trained as an engineer and he has a special gift for landscape design; he is in charge of the studio´s technical side and currently runs the Sydney office. Michael Stokes (Melbourne, Australia, 1953) graduated in Architecture and Environmental Design, and is an expert in large-scale hard landscape projects, and his contribution to the team is his art and design skills. Catherine Heggen (Melbourne, Australia, 1960) is experienced at coordinating, preparing project outlines and planning strategies, as well as formulating rural and local development regulations and agreements.

Among their most important projects are Ballarat Promenade and the Healesville Sanctuary, both in Victoria, the Australian Chancellery complex in Riyadh, Saudi Arabia, and Palm Plaza Promenade in Dandenong, Melbourne, all winners of the Australian Institute of Landscape Architects Merit Award.

In 1988, Dandenong Council held a competition for the creation of a pedestrian promenade in the city's commercial centre. Tract Consultants won with a proposal that reflects the influence of three factors: the city's tradition as a livestock market, the centre's rigid grid plan and the project's limited budget. The project aims to strengthen the physical and visual links between the retail and commercial activities on McCrae Street and the municipal market on Clow Street; to extend and strengthen the city's grid plan through the promenade's design and to use economical, functional and robust construction materials and details.

The promenade is divided into several sectors that group similar activities and which have different names, but these symbolic separations do not affect the continuity of the pedestrianised street. The competition's requirements included the provision of retail commercial space within the promenade, and this has taken the form of shops and kiosks along the promenade and a small central market, the Sale Ring Hall. The shape of this building, designed by Bill Williams, evokes and adopts the structure of the livestock markets that played an important role in the development of the city of Dandenong. It forms a visual reference point, the focus of activity on the promenade, and is clearly visible from the main road, thus helping to form the city's external image. It also serves as shelter for shoppers, and includes a restaurant and cafeteria.

The scheme has been designed according to a general idea that underlies all its elements, from the general plan and plant beds to the detail of the furnishings. Triangles play an important role and are the unifying theme for the entire project. The furnishings include lights, benches, bus stops, litter bins, lampposts, drinking fountains, telephone boxes and tree grates, all of which share a defined character emphasised by the intricate use of metal elements. The promenade's paving has a design consisting of squares at 45°, in blue natural stone, with white Victoria granite in the nodes, and with patterned brick paving filling in the checkerboard of the pavement. This layout is maintained in the triangular flower beds, also rimmed with brick, where Agapanthus are planted along the diagonals of the squares, surrounded by ivy and other low-growing plants. Platanus acerifolia (plane trees) have been planted along the promenade, some in planters and others in individual holes in the paving, with a double rim of white Victoria granite and brick. The ease with which large adult Phoenix canariensis (Canary date palm) can be transplanted meant that the promenade soon acquired visual definition. The palms are planted in circular planting holes rimmed with a broad band of the same granite. The fact that they are now much larger than the plane trees might lead one to think that they will always be the dominant species on the promenade. Once the planes reach maturity, however, they will become much more conspicuous. Because they are deciduous they will provide a seasonal element to the promenade, allowing abundant sunshine in the colder months of the year.

The Palm Plaza Promenade represents a dynamic and consistent design concept, in which the diagonal paving adapts to the different levels by the use of stairs, ramps and large stone benches. This concept allows the use of the spaces without prejudicing the clarity of the design.

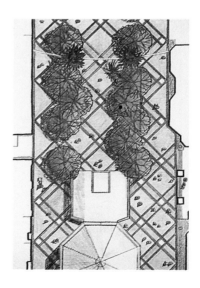

This project has been very successful due to its creation of a quiet pedestrian area, far from the traffic, as well as a rest and recreation area for shoppers and passers-by. It concentrates the area´s retailing activity around McCrae Street, away from the nearby motorway, and thus improves Dandenong´s image with many desirable consequences.

Palm Plaza es un paseo peatonal que aglutina las actividades comerciales de minoristas, mejora la circulación e incluye una serie de espacios atractivos para los viandantes. El proyecto nace de la necesidad de sanear y aliviar los serios problemas que afectaban a la anterior McCrae Street, calificada en su tiempo de pesadilla urbana.

Tract Consultants es un estudio de paisajistas y urbanistas fundado en Melbourne en 1970, actualmente con sucursales en Sydney y Brisbane. Ha conseguido destacar gracias a su historial de logros y éxitos en concursos nacionales. Desde un principio sus socios han tomado parte activa en la docencia y en la promoción de la todavía en ciernes profesión de paisajista en Australia. La combinación del oficio de todos sus socios les ha proporcionado una base proyectual y técnica única.

Howard McCockell (Melbourne, Australia, 1940) es el gerente del estudio y aporta sus conocimientos en planificación residencial y en la coordinación de estudios interdisciplinares, parte esencial de Tract Consultants. Rodney Wulf (Wagga Wagga, Australia, 1946) se formó en EE.UU., es especialista en intervenciones paisajísticas en la costa y tiene una larga experiencia docente. Stephen Calhoun (Fort Collins, EE. UU., 1943) se licenció por las universidades estatales de Iowa y Harvard en Norteamérica, es el responsable de la dirección de los proyectos tanto en Australia como en ultramar y es experto en temas de urbanismo y paisajismo. George Gallagher (Melbourne, Australia, 1950) tiene una sólida formación como ingeniero y una rara habilidad para el diseño paisajístico; ha sido el responsable de la parte técnica del estudio y actualmente dirige la oficina de Sydney. Michael Stokes (Melbourne, Australia, 1953), licenciado en arquitectura y diseño medioambiental, es un experto en proyectos de paisajes duros de gran escala y contribuye al equipo con su destreza en temas de arte y diseño. Catherine Heggen (Melbourne, Australia, 1960) está avezada en asuntos de coordinación, preparación de líneas de proyecto y estrategias de planificación, así como en la formulación de controles de desarrollo y acuerdos a nivel rural y urbano. Entre los proyectos más importantes destacan el paseo de Ballarat y el Santuario de Healesville, ambos en la provincia de Victoria, el complejo de la Cancillería de Australia en Riad, Arabia Saudí, y el paseo Palm Plaza en Dandenong (Melbourne), todos ellos galardonados con el premio del Instituto Australiano de Paisajistas.

Aerial view of the scheme.   *Vista aérea de la intervención.*

Typical view of the promenade.   *Imagen característica del paseo.*

Detail of the general plan.   *Detalle de la planta general.*

View of the market building.   *Vista del edificio del mercado.*

View of the market stalls.   *Vista de los puestos del mercado.*

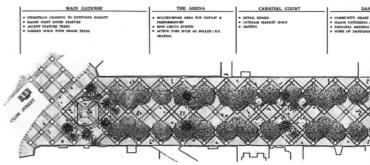

En 1988 el Ayuntamiento de Dandenong convocó un concurso para la creación de un paseo peatonal en el centro comercial de la ciudad. Tract Consultants ganó la convocatoria con una propuesta que refleja la influencia de tres factores: la tradición de una ciudad con carácter de mercado central, la rígida estructura en parrilla del plan urbanístico del centro y el limitado presupuesto de ejecución del proyecto. Éste pretende estrechar los vínculos físicos y visuales entre las actividades comerciales y minoristas de ambos lados de la McCrae Street y el mercado municipal de la Clow Street; extender y reforzar el modelo urbanístico en cuadrícula de la ciudad en el diseño del paseo y, por último, utilizar materiales y detalles constructivos robustos, funcionales y económicos.

El paseo se divide esquemáticamente en diversos sectores con distintos nombres que agrupan múltiples actividades, pero, en todo caso, estas separaciones simbólicas no afectan a la continuidad de la calle peatonal. El programa del concurso incluía la previsión de espacios comerciales para minoristas dentro del paseo, que se han traducido en una serie de puestos de venta y quioscos a lo largo de éste, y en un pequeño mercado central, el Sale Ring Hall. La forma de este edificio, proyectado por el arquitecto Bill Williams, evoca y adopta la estructura de los antiguos mercados que jugaron un importante papel en el desarrollo de la ciudad de Dandenong. Se constituye en referencia visual y foco de la actividad de la rambla, y es claramente visible desde la cercana autovía, contribuyendo a la imagen exterior de la ciudad. Además, sirve de cobijo a los peatones en sus compras y aloja en su interior un restaurante y una cafetería.

El conjunto está diseñado bajo una misma idea de proyecto que subyace en todos sus elementos, desde la planta general, pasando por los parterres hasta los detalles del mobiliario urbano. El triángulo adquiere

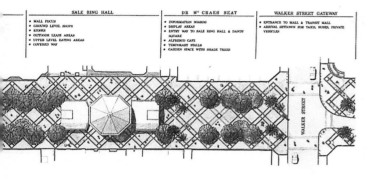

SALE RING HALL	DR McCRAES SEAT	WALKER STREET GATEWAY
• MALL FOCUS • GROUND LEVEL SHOPS • KIOSKS • OUTDOOR LEASE AREAS • UPPER LEVEL EATING AREAS • COVERED WAY	• INFORMATION BOARDS • DISPLAY AREAS • ENTRY WAY TO SALE RING HALL & DANDY SQUARE • ALFRESCO CAFE • TEMPORARY STALLS • GARDEN SPACE WITH SHADE TREES	• ENTRANCE TO MALL & TRANSIT MALL • ARRIVAL SETDOWN FOR TAXIS, BUSES, PRIVATE VEHICLES

el papel protagonista y actúa de elemento aglutinante de todo el proyecto. El mobiliario incluye farolas, bancos, paradas de autobús, papeleras, postes, fuentes, cabinas de teléfonos y protectores de los árboles, que poseen un carácter definido enfatizado por el uso intrincado de elementos metálicos.

El pavimento del paseo muestra un dibujo compuesto por cuadrículas giradas 45°, construidas en piedra natural de color azul, con granito blanco de Victoria en los encuentros y ladrillos colmatando el tablero del solado. Este trazado se mantiene también en los parterres triangulares, encintados igualmente en ladrillo, donde el *agapanthus* se planta en línea con las diagonales de los cuadrados, rodeándose de hiedra y otras plantas menores.

A lo largo del paseo, se han plantado *Platanus acerifolia* (plátanos de sombra) que se alojan ora en los parterres ora en alcorques individuales doblemente encintados de ladrillo y granito blanco de Victoria. La facilidad con la que se pueden trasplantar ejemplares adultos de gran tamaño de *Phoenix canariensis* (palmera de Canarias) permitió que el paseo adquiriese rápidamente un carácter visual definido. Las palmeras están plantadas en alcorques circulares encintados con una generosa banda del granito ya mencionado. Su tamaño actual frente al de los plátanos induce a pensar que siempre serán las especies dominantes de la rambla. Sin embargo, una vez maduren los segundos, tomarán el relevo del protagonismo, y siendo caducifolios, aportarán una dimensión estacional al paseo, al tiempo que permitirán un abundante asoleamiento durante los meses fríos del año.

El paseo de Palm Plaza refleja una idea proyectual dinámica y consistente en la que el pavimento diagonal se adapta adecuadamente a los diferentes niveles en forma de escaleras, rampas y bancadas. El concepto permite además una flexibilidad en el uso de los espacios sin perjuicio de la claridad del esquema del diseño.

Esta intervención ha tenido un gran éxito al conseguir engendrar una tranquila área peatonal lejos del tráfico, además de un lugar de recreo y relax para los viandantes en sus compras, concentrar el foco de acción de los minoristas de la zona en torno a la McCrae Street al margen de la autovía cercana, y contribuir favorablemente a la imagen de la ciudad de Dandenong con todos los deseables efectos que esto conlleva.

The entrance.   *Nodo de entrada.*

Aerial view of the paving.   *Detalle aéreo del pavimento.*

Illustrative general plan.   *Planta general ilustrativa.*

Aerial view of the paving.   *Vista aérea del pavimento.*

Rambla de Prim

Pedro Barragán

Location: Barcelona, Spain
Client/Promoter: Institut Municipal de Promoció Urbanística, SA (IMPUSA), subsidiary of HOLSA (Holding Olímpic, S.A.)
Collaborators: ESTEYCO, Javier Rui-Wamba, M. Ángel Fernández, J. Luis Bellod and Ricardo Perlado (engineering); Miguel Navarro and F. Torres Monsó (sculptures); Francisco Navarro, Andreu Estany, Elisabet Claró and M. José Hernando (architects)

The chaotic growth of some of Barcelona´s peripheral districts during the 1960s led to the formation of a residual strip, which was 60m wide and almost 3 km long and called Prim street. Subsequent urban planning, particularly the 1976 General Metropolitan Plan, intended to turn this strip into a fast road, although this would not have solved the area´s lack of structure and communications.

The institutional, political and social changes during the eighties led to the City Council adopting a different attitude towards urban planning, which was much more beneficial for the area. The circumstances which made these changes possible can be summed up as: a desire to even out the relationship between the city centre and the periphery, giving public open spaces a cultural and social role, and organising fast traffic into a ring road system; the deadline for the 1992 Olympic Games, which encouraged participation by residents through neighbourhood associations, which led to constant dialogue revealing the real needs of these districts.

Rambla Prim is one of the most significant results of this town planning process. Pedro Barragán, as a director of the public company IMPUSA, has been at the forefront of this wide-reaching process, and is one of the main people behind Barcelona´s new image. Since 1988, he has been in charge of the development works around the Ronda Litoral

Recreational facilities, with artificial lawn.

Instalaciones lúdicas con césped artificial.

(Coastal Ring Road) and the Road Network Programme. He graduated from the ETSAB (Barcelona Higher Technical School of Architecture) in 1980, and worked both freelance and for other companies (Cedec Ingeniería, Urbinca) until 1981, wehen he was appointed municipal architect in Barcelona City Council´s Urban Projects Unit.

His career during this period has been closely linked to Barcelona city, with major projects including: the Llucmajor, Can Robacols and La Palmera plazas; the renovation of the Council´s Information Office; Via Júlia and Rambla del Clot; the development of the area around Bac de Roda bridge, designed by Santiago Calatrava; and the Drassanes Rotunda.

When he was put in charge of planning Rambla Prim in 1990, Barragán had to take a number of previous schemes into consideration: the section between the Cristóbal de Moura and Llull streets (designed by Javier San José) and the storm drains for the Horta district. He therefore based his proposal on two complementary objectives in order to deal with the residents´needs while meeting the demands of the road programme: structuring the space as an infrastructural support; and creating a boulevard with a cultural identity for the surrounding districts.

The first aim was achieved by constructing an underground gallery along the length of the boulevard, to ensure a straightforward route for services (electricity, telephone and fibre optic lines, among others), on a scale suitable for the entire city. Prefabricated modules measuring 2.5 m x 2 m were used in the construction. Plans for the road network have resolved (or are resolving) other issues such as the ring road junctions and improved communications with the centre, making this route the most important axis crossing the area.

The alignment of the benches.

View of one of the flights of steps.

The undulating lawn.

Alineación de bancos.

Vista de una de las gradas.

Construcción abovedada de un parterre.

The steps are characterised by their smoothness and definition.

Los escalonamientos se caracterizan por su nitidez y suavidad.

Concentric design in the paving.

Diseño concéntrico en el pavimento.

A brick path runs alongside the undulating lawn.

Un trazo enladrillado recorre la bóveda de césped.

The pool by Guipúzcoa street, with the sculpture by Torres Monsó in the background.

El estanque de la calle Guipúzcoa, con la escultura de Torres Monsó vista al fondo.

The urban landscape design has been based around this extremely long road's need for aesthetic unity, while ensuring rich diversity and, above all, meeting the residents' needs (facilities, recreational spaces, free access and pedestrian safety). The 60 m strip between the lines of buildings has thus been organised as follows: two wide, treelined pavements next to the buildings; two 11-m-wide roads, with three lanes in either direction with parking; and a central promenade 29 m wide.

The boulevard's visual and conceptual homogeneity has been archieved by consistntly using certain identifying components in surface elements (paving, steps, vegetation) and functional furnishings (lampposts, benches, fountains). Trees have generally been planted in rows emphasising the line of the boulevard, and have been selected for their suitability to the climate and their cultural relationship with the city. Off-white artificial grass has been used for the recreational areas.

However, the length and diversity of the boulevard has meant that a wide variety of versatile shapes and elements have been used in order to meet the individual needs of each section or district. Examples of this can be seen in the smooth finish of the projecting corners, the undulating lawns, the small plazas with trees along the central path (such as the trapezoidal island by the A-19 motorway or the other one with palm trees next to Santander street) and the design of the slightly raised pool next to Guipúzcoa street.

Opposite this pool is one of the three artistic installations which add a cultural element to the scheme. This is the sculpture El llarg viatge (The long journey), by Francisco Torres Monsó, a monolithic steel body 9 m high. Another singular feature in the boulevard is the Fraternitat (Fraternity) sculpture by Miguel Navarro in the raised rotunda over the Ronda Litoral at the eastern end of the boulevard. Lastly, there is a large copper fountain surrounded by a concentric flight of steps at the intersection with Diagonal avenue.

El caótico crecimiento durante la década de los sesenta de algunas barriadas periféricas de Barcelona (Besòs, Maresme, La Pau y La Verneda) dio lugar a la formación de una franja residual que, con una anchura de 60 m y una longitud de casi 3 km, recibió el nombre de calle Prim. Las posteriores planificaciones urbanísticas, en especial el Plan General Metropolitano de 1976, previeron para este trazado una posible función de vía rápida que no solucionaba los problemas de desvertebración y de incomunicación que padecía la zona.

A lo largo de los años ochenta, las transformaciones institucionales, políticas y sociales provocaron un cambio de mentalidad urbanística por parte del ayuntamiento que benefició en gran medida a la zona. Las circunstancias que posibilitaron dicha evolución se pueden resumir en: un deseo de equilibrar las relaciones entre centro y barriadas, concediendo a los espacios públicos su valor de vertebración cultural y social, organizando el tráfico rápido en una trama de rondas periféricas; la urgencia de los Juegos Olímpicos de 1992, que propició una financiación colectiva de las grandes obras de infraestructura; y el auge de la participación ciudadana a través de asociaciones vecinales, traducido en diálogos constantes que permitían conocer las verdaderas necesidades de estos barrios.

La Rambla de Prim es uno de los resultados más significativos de esta dinámica urbanística. Al frente de una obra de tal envergadura se

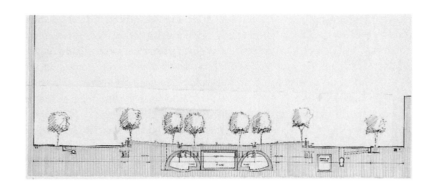

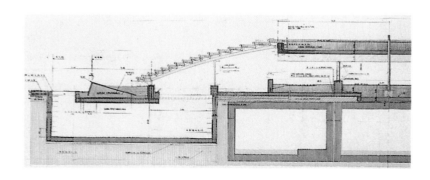

encuentra Pedro Barragán, uno de los principales artífices de la renovada imagen de la ciudad de Barcelona desde su puesto en la empresa pública IMPUSA, en la que ejerce como responsable, desde 1988, de las actuaciones en el área de la Ronda Litoral y en el Programa de Conexiones Viarias. Graduado en 1980 por la Escuela Técnica Superior de Arquitectura de Barcelona, Barragán trabajó de forma independiente o para otras firmas (Cedec Ingeniería, Urbinca) hasta que, en 1981, accedió al puesto de arquitecto municipal en la Unidad Operativa de Proyectos Urbanos del ayuntamiento barcelonés.

Durante este período, ya sea de manera individual o en colaboración, las obras que han jalonado la trayectoria del arquitecto están estrechamente ligadas a la capital catalana: las plazas de Llucmajor, Can Robacols y la Palmera; la reforma de la Oficina de Información del ayuntamiento; la Vía Julia y la Rambla del Clot; la urbanización del entorno del puente Bac de Roda, obra de Santiago Calatrava; o la Rotonda de les Drassanes.

Al asumir la planificación de la Rambla de Prim en 1990, Barragán tuvo que contemplar una serie de actuaciones precedentes: el tramo entre las calles Cristóbal de Moura y Llull (obra de Javier San José) y los colectores de desagüe de la antigua Riera de Horta. Con estos antecedentes, su propuesta se centró en dos objetivos complementarios: la conformación del espacio como soporte de infraestructuras; y la creación de una rambla de identificación cultural para los barrios que la flanquean, atendiendo las necesidades urbanas de los habitantes sin renunciar a las exigencias de programación viaria.

El primer aspecto se solucionó mediante la construcción de una galería subterránea que, atravesando toda la rambla, garantizaba el paso racional de unas potentes redes de servicio (electricidad, telefonía y fibra óptica, entre otras), dimensionadas a escala del resto de la ciudad. Para su ejecución se han empleado módulos prefabricados, de 2,5 × 2 m. Desde la perspectiva viaria, la planificación ha resuelto (o está en vías de resolver) otro tipo de compromisos, como son los enlaces con las rondas periféricas y la mejora de las relaciones con el centro, convirtiendo su trazado en el eje transversal más importante de este sector.

La concepción del paisaje urbano se ha articulado sobre la necesidad de unificar formal y estéticamente tan largo recorrido, pero sin olvidar la riqueza de la diversidad y, sobre todo, el cumplimiento de las necesidades ciudadanas (equipamientos, espacios de ocio, libre accesibilidad y seguridad peatonal). Así, la distancia de 60 m existente entre las líneas edificadas se ha organizado del siguiente modo: dos aceras, amplias y arboladas, junto a los edificios; dos calzadas de 11 m de amplitud, con tres carriles por sentido y sendos cordones de aparcamiento; y una pastilla central de 29 m de ancho, concebida como paseo.

Desde el punto de vista estético, la homogeneidad visual y conceptual de la rambla se ha conseguido mediante la recurrente utilización de

Section of the service gallery installations.   *Sección con la instalación de las galerías de servicio.*

Standard cross section.   *Corte transversal tipo.*

Structural detail.   *Detalle estructural.*

Frontal view of an undulating lawn.   *Vista frontal de un parterre abovedado.*

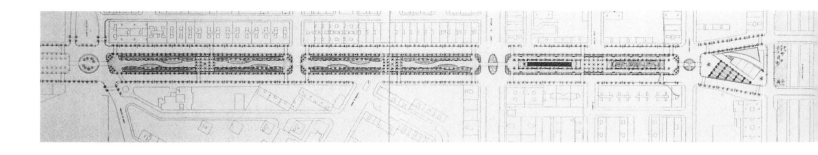

componentes identificativos, tales como elementos de base (pavimentación, suaves graderíos, vegetación) y de mobiliario funcional (columnas de iluminación, bancos, fuentes). La selección del arbolado, con una disposición general en hilera que subraya el trazado, responde a criterios derivados de su comportamiento climático y de su relación cultural con la ciudad. También se ha utilizado césped artificial, en un expresivo tono albero, para las instalaciones lúdicas.

No obstante, la longitud y diversidad de la rambla ha obligado a adoptar un amplio repertorio de recursos formales polivalentes, susceptibles de concretar soluciones adecuadas a las necesidades puntuales de cada sector o barrio. Es el caso de los suaves acabados en las esquinas, de los parterres de césped formando bóvedas, de las pequeñas plazas arboladas que jalonan la pastilla central (como la trapezoidal frente a la autopista A-19 o la de las palmeras junto a la calle Santander) o del diseño del estanque, ligeramente elevado, que se ubica junto a la calle Guipúzcoa.

Frente a esta instalación acuática se encuentra una de las tres manifestaciones artísticas que dotan de mayor significación cultural al conjunto. Se trata de *El llarg viatge*, obra de Francisco Torres Monsó, concebida como un cuerpo monolítico en acero corten de nueve metros de altura. Otro de los episodios singulares de la rambla es la escultura *Fraternitat*, de Miguel Navarro, situada en la rotonda elevada sobre la Ronda Litoral que culmina el extremo oriental del trazado. Y, por último, la monumental fuente de diseño concéntrico y escalonado, realizada en cobre, que marca el enlace con la avenida Diagonal.

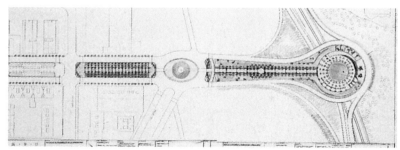

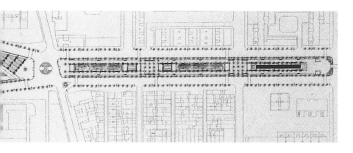

General ground plan of the boulevard between Guipúzcoa street and Diagonal avenue.

General ground plan of the boulevard between Guipúzcoa street and Diagonal avenue.

Planta general de la rambla entre la calle Guipúzcoa y la avenida Diagonal.

Ground plan of the eastern end of the boulevard, with the raised rotunda over the Ronda Litoral.

Planta del extremo oriental de la rambla, con la rotonda elevada sobre la Ronda Litoral.

View of the sculpture by Torres Monsó and the pool.

Toma de la escultura de Torres Monsó y el estanque.

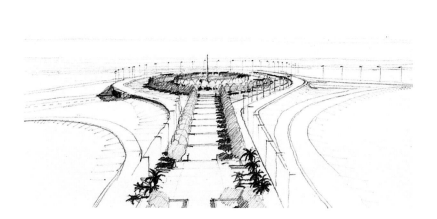

Axonometric view of the last section of the rotunda.

View of the central promenade.

Perspectiva axonométrica del tramo final de la rotonda.

Perspectiva del paseo central.

General view of the interior of one of
the blocks.

Vista general del interior de una de las
manzanas.

Tres plazas en la Villa Olímpica

Carlos Ferrater and Bet Figueras

Location: Barcelona, Spain
Client/Promoter: Mediterrània de Promocions i Gestions Immobiliàries
Collaborators: J. Samsó (director), María Jover and J. M. Orbañanos (agricultur-
al engineers), F. Benedicto (quantity surveyor), ACYCSA and
Jardinería Lluch-Cedó (builders)

This project is in a precise architectural setting which has involved
recovering two aspects of Barcelona´s past: on the one hand, an attempt
has been made to restore the city´s maritime spirit, making the sea part
of everyday life again; on the other, the project expressly follows the concepts of the planning proposals in the 1859 Cerdà Plan, which played a
crucial role in Barcelona´s expansion. In this sense, the landscape design
attempts to recover some of its cultural content, with the internal transit following a geometric layout and vegetation being used to generate a
superimposed order.

Carles Ferrater (Barcelona 1944) and Bet Figueras (Barcelona, 1957)
were behind this process of integration with Barcelona´s history.
Ferrater, in close collaboration with Josep Mª Montaner, was responsible
for the architectural planning. He graduated in Architecture in 1971 from
ETSAB (Barcelona Higher Technical School of Architecture), and his
teaching career is closely linked to this centre. In 1987 he obtained his
doctorate and, following competitive exams, was appointed lecturer; he
was later made responsible for the Chair of Professor of Proyectos V and
is president of the degree awards Panel. As well as his teaching work, he
has also played important roles in institutions, as president of associations such as ADI-FAD, INFAD and ARQ-INFAD.

Bet Figueras was responsible for the landscape design of the interior of these three blocks. Her academic history started with a degree in Landscape Architecture from the School of Environmental Design in the Department of Landscape Architecture at the University of California in Berkeley (1977-1978); in 1979 she obtained a Bachelor of Arts degree from the College of Arts and Sciences at Georgetown University, Washington DC; and in 1982 she received the title of Landscape Architect from the Department of Landscape Studies at the University of Edinburgh. Since 1983 she has lectured in Landscape Architecture at ETSAB and has been teaching the Masters course of Landscape Design at the Barcelona Technical School of Agriculture since 1987.

These three blocks are part of a residential project for 560 dwellings, a shopping centre and various public spaces. Their interior areas were planned around two main parameters: the definition of a linear pedestrian avenue running through the three blocks; and making the blocks different. The third block is therefore a regular linear axis, like an interior street. The third block is subdivided into two areas: one is a private, open plan space with a swimming pool, and the other is public, with a linear form underlined by the presence of the shopping centre. The central space, however, serves as a model, as it was designed as a prototype for interior public squares, with an open, uncluttered and versatile character.

The geometric layout is structured around platforms where the trees have been planted. Thus the main pedestrian axis is emphasised by the orthogonal distribution of trees which also follow the linear grid plan of the platforms. Two main elements have been used in this layout: trees and paving or ground cover materials. The trees were chosen for their abundant foliage (deciduous or semi-deciduous), their potential for use in a geometric layout, and for their cultural relationship with the city, and they act as coverings to define the different environments. The different colours and textures of the materials used to cover the platforms form a sort of gridded patchwork of various different spaces.

The main material used to cover the platforms is granitic sand in different colours (ochre, white from the Maresme and pink from Baix Empordà), although gravel has also been used, either loose, or fixed in asphalt. In the second block, two small squares have been paved in artificial stone and concrete respectively. This central space also has three sheets of water (two long strips and one square), raised 25 cm above ground level with a metal edge.

Four different functional types of furnishing have been used. The lighting was designed by Pete Sans, who created prototype lamps, conical posts covered by three overlapping pieces forming a shade that diffuses light up to the treetops and down to the ground. The benches are made of prefabricated concrete slabs, placed either alone or in lines. Rubbish bins have been placed around the perimeter by the internal pillars of the buildings, in order not to obstruct transit. Lastly, metal gates designed by Ferrater are used to close the gardens at night.

The trees include the following species: plane trees, Japanese acacias, lindens, tipuanas, jacarandas, crape myrtles, and laurels. The latter have also been planted as a hedge to separate the public and private areas on the third block. Poplars, with their column-like trunks and semideciduous foliage, have been used to highlight the pedestrian axis articulating the three blocks. Ivy provides green cover for large square tubs on the first two blocks. The lawn areas have been planted with a mixture of rye grass. Festuca, Agrostis, Pia and Dichondra determined by the differing orienta-

tion and exposure of the various platforms. With all these elements, Ferrater and Figueras´project has managed to combine geometry and nature to define individual spaces in keeping with Barcelona´s historical and cultural background.

La presente intervención está englobada dentro de un preciso marco arquitectónico, para cuya ejecución se han planteado dos niveles de recuperación del pasado barcelonés: por una parte, se intenta devolver a la ciudad mediterránea su espíritu marítimo, conseguir que la vida cotidiana se abra nuevamente hacia el mar; por otra, el proyecto persigue una identificación formal y conceptual con las propuestas urbanísticas del Plan Cerdà de 1859, auténtico motor del desarrollo de Barcelona. En este sentido, la actuación paisajística pretende recuperar unos contenidos culturales basados en la composición geométrica como definidora del tránsito interior y en el empleo de la vegetación como generador de un orden sobrepuesto.

Los principales responsables de este proceso de integración en la memoria histórica barcelonesa son Carles Ferrater (Barcelona, 1944) y Bet Figueras (Barcelona, 1957). Al primero corresponde la parte de planificación arquitectónica, en estrecha colaboración con Josep M. Montaner. Licenciado como arquitecto en 1971 por la Escuela Técnica Superior de Arquitectura de Barcelona (ETSAB), la carrera docente de Ferrater está íntimamente ligada a este centro. En 1987 obtiene el doctorado y consigue, a través de oposición, ejercer como profesor titular; asimismo, es responsable de la cátedra de Proyectos V y presidente del tribunal de final de carrera. A su labor docente, se suma una importante trayectoria institucional: presidente de entidades como el ADI-FAD (1985 - 1987), el INFAD (1990 - 1991) y el ARQ-INFAD (1991-1992).

Por su parte, Bet Figueras ha sido la encargada de definir paisajísticamente el interior de estas tres manzanas. En su historial académico destaca: licenciada en Arquitectura del Paisaje por la Escuela de Diseño Medioambiental, perteneciente al Departamento de Arquitectura del Paisaje de la Universidad de Berkeley, California (1977-1978); en 1979 obtiene el título de Bachelor of Arts por el College of Arts and Sciences de la Universidad de Georgetown, en Washington D.C.; y en 1982 consigue el de arquitecta paisajista por el Departamento de Estudios del Paisaje de la Universidad de Edimburgo. Desde 1983 ejerce como profesora de Arquitectura del Paisaje en la ETSAB y desde 1987 imparte el curso de posgrado de Paisajismo en la Escuela Técnica de Agricultura de Barcelona.

Mineral and vegetable elements define the geometric layout of the squares.

The trees are in an orthogonal arrangement.

The various areas have been paved in different materials, textures and colours. View of one of the squares.

General view of the grid-like central square.

Elementos minerales y vegetales ordenan el trazado geométrico de las plazas.

El arbolado se ha dispuesto según criterios ortogonales.

La diferenciación de materiales, texturas y cromatismos organiza el pavimento. Vista de una de las plazas.

Toma general de la plaza central, de ordenación reticular.

Enmarcado en un proyecto residencial dotado de 560 viviendas, un centro comercial y diversos espacios públicos, la planificación de las áreas internas de estas tres manzanas se planteó a partir de dos parámetros determinantes: la definición de un esquema lineal de rambla interior como eje de articulación peatonal entre las tres manzanas y la singularización de cada una de las islas. Así, la primera presenta un trazo axial regular, a manera de calle interior. La tercera está subdividida en dos áreas: una privada, abierta y con piscinas, y otra pública y lineal, enfatizada por la presencia del centro comercial. No obstante, es el espacio central el que adquiere una función modélica, al ser concebido como prototipo de plaza pública interior, con carácter abierto, diáfano y polivalente.

La composición geométrica está estructurada a partir de plataformas sobre las que se sitúa el arbolado. Así, el eje peatonal principal está subrayado por la disposición ortogonal de los árboles que, al mismo tiempo, prosiguen el diseño lineal, cuadriculado o de salón, de las plataformas. Para realizar la estructuración se han utilizado dos elementos principales: el arbolado y los pavimentos o tapizantes. Los primeros, seleccionados por su frondosidad (hoja caduca o semicaduca), por su capacidad de composición geométrica y por su relación cultural con la ciudad, actúan a manera de cubiertas para la configuración de ambientes diferenciados. Los segundos, dispuestos sobre las plataformas a distintos niveles, presentan una diferenciación de colores y texturas para conformar una especie de *patchwork* reticular que singulariza los diversos espacios.

El material básico de pavimentación de las plataformas es arena granítica de distintos cromatismos (ocre, blanco del Maresme y rosado del Baix Empordà), aunque también se han empleado gravas, ya sean sueltas o fijadas a partir de un doble tratamiento asfáltico. En la segunda manzana, además, se han utilizado la piedra artificial y el hormigón in situ, respectivamente, para pavimentar dos pequeñas plazas. Asimismo, este espacio central dispone de tres láminas de agua (dos acanaladas y una cuadrada), elevadas 25 cm sobre el nivel del suelo y delimitadas por un discreto perfil metálico.

El mobiliario funcional está formado básicamente por cuatro elementos. Para la iluminación, Pete Sans ha diseñado unas lámparas prototipos, consistentes en columnas cónicas coronadas por tres piezas solapadas que tamizan la luz y la difunden de manera indirecta tanto a las copas de los árboles como a la tierra. Los bancos presentan una formalización prefabricada de losas de hormigón, dispuestas de manera aislada o continua. Las papeleras, situadas de manera perimetral sobre los pilares interiores de los edificios, no suponen un obstáculo para el tránsito. Por último, Ferrater ha diseñado unas puertas metálicas que, de noche, preservan la intimidad de los jardines.

El arbolado está constituido por las siguientes especies: el plátano de obra, la acacia del Japón, el tilo de hoja pequeña, la tipuana, la jacarandá, el árbol de Júpiter y el laurel de copa. Este último se utiliza también con función arbustiva en la separación de las áreas públicas y privadas de la tercera manzana. Para enfatizar el eje peatonal que articula las tres islas se ha recurrido al chopo teixana, por su tronco a manera de columna y por la semicaducidad de su hoja. La hiedra se ha empleado para tapizar las jardineras de las dos primeras manzanas, formando grandes cubos verdes. En las áreas de césped se han combinado semillas de *Rye-grass*, *Festuca, Agrostis, Poa* y *Dichondra*, en mezclas determinadas por la orientación y el grado de exposición de las distintas plataformas. Con todo ello, Ferrater y Figueras han conseguido una intervención en la que se conjugan lo geométrico y lo natural para definir unos espacios dotados de personalidad autónoma pero integrados en la memoria histórica y cultural de Barcelona.

View of one of the sheets of water in the central square.

Vista de una de las láminas líquidas de la plaza central.

Long strip-shaped pool, raised 25 cm above ground level.

Estanque acanalado, elevado 25 cm sobre el nivel del suelo.

View of the private swimming pool in the third block.

Vista de la piscina privada de la tercera isla.

Southern end of the beachfront.

Extremo sur del paseo.

Coogee Beachfront
Bruce Mackenzie & Associates

Location: Randwick, Sydney, Australia
Client/Promoter: Randwick Council
Collaborators: Brian Stattford (architect), Masterplan Consultants Pty. Ltd.
(town planners), Maunsell & Partners Pty. Ltd. (civil & struc-
tural engineers)

A progressive change in the aesthetic tendencies within the community led to Randwick City Council organising a competition for a plan to reorder Coogee Plaza on the Sydney coast; the competition was limited to four professional studios. The lack of definition of the beachfront was considered unsatisfactory, as it was dominated by cars and full of lampposts, traffic signs, etc. The trees, which reduced the sensation of disorder, had gradually disappeared as a result of wind-borne sewage pollutants. The paving was uninteresting, nothing more than the bitumen standard. The new needs required better promenade areas than this, something more interesting and more colourful.

Bruce Mackenzie & Associates was the landscape architecture studio that won the competition to remodel this sector of the coast. For 25 years this studio has produced innovative designs to improve several Australian locations, including housing, motorways, airports. factories, educational centres and parks. The other two main partners in the studio were Malcolm Graham, project manager and design development, and Larraine Mackenzie, administration and computer support. In January 1993, Mackenzie ceased to manage the company and founded Bruce Mackenzie Design Pty. Ltd. Bruce Mackenzie was born in Sydney in 1932 and studied at East Sydney Technical College. He joined the Australian Institute of Landscape Architects (AILA) in 1969. From 1969 to 1973 he taught the postgraduate Urban Design course at the University of Sydney.

He has been guest speaker at landscape architecture, architecture and horticulture faculties throughout Australia, and guest speaker at congresses held in Australia, New Zealand, Canada and Hong Kong.. He has held several professional positions and has written articles in a variety of publications. Malcolm Graham was born in Sydney in 1959. He graduated in Landscape Architecture in 1982 from the University of New South Wales and has participated in the project for the large theme park «Australia´s Wonderland»,west of Sydney.

Among Bruce Mackenzie & Associates prizewinning works are: the Illovira Reserve, Peacock Point, Balmain; the Australian Embassy in France; the Australian Embassy in Thailand; Long Nose Point Park, Birchgrove; Port Botany, extension of the Sir Joseph Banks Park, Botany; the Bicentennial Park-Glebe, Rozelle Bay, Sydney and the Ku-ring-gai Bicentennial Park, Sydney. Underlying the masterplan for Coogee Beachfront were the following planning objectives: to revitalise the site as a place of natural beauty and recreation, to reduce traffic and increase pedestrian safety, to clear away redundant buildings and clutter such as signs, kerbs, etc., and to open the view to the beach. To achieve this, Bruce Mackenzie & Associates proposed the following measures: the elimination of Beach Street, a dangerous coastal road used as a parking lot; to extend existing parkland over the road reserve; restore the line of the seawall following the bay, and provide it with a handsome promenade. There is a broad lower promenade with access ramps for wheelchair users, and an amphitheatre replacing obsolete concrete constructions. The total cost of the operation is more than five million dollars.

The new paving, designed for the beachfront, the road edges and the paths in the park, is based on a combination of ordinary clay pavers and special ones (40 x 20 cm) in charcoal and off-white. These are made of a thick mixture of fine aggregate mix, partly honed to provide a semiterrazzo with bevelled arrises. To keep within the budget, the proportion chosen was 10% special selection and 90% matrix pavement. Three areas receive a more detailed treatment in the design of their paving; the central terraces, the beachfront and the area between Dolphin Street Terrace (to the north) and Carr Street (to the south), where vehicles and pedestrians both circulate. The main entrance to the beach should also be mentioned; it is on the scheme´s central axis, with a stylized representation, in coloured glazed tiles, of a typical local flower.

The lower promenade is almost at the level of the sand and is over 600 m long, with an average width of 7 m. The treatment is simpler, consisting of a broad concrete pavement with some details in coloured tiling.

Other elements of the promenade, such as stair treads and coping, are prefabricated to make installation easier and to improve quality, colour, texture and design. Special attention is paid to the elements making up the parking area, because this is the point where the visitors begin and end their trip to the beach. Concrete block pavers are used to mark the edge of the areas of bitumen.

The stone blocks from demolition were used to rehabilitate the old seawall where possible, construction with new materials was avoided. The redesigned stretches of wall, the steps, ramps and terraces were built using cement poured on-site and sand-blasted. The original stone balustrades are preservzzzed only where the wall is intact; in the remaining areas there are stainless steel railings. Palm trees are an important element in the new image of Coogee Plaza, both transplanted spec-

imens and nursery-grown ones. The Norfolk Island Pines are no less important, and they are protected and provided with enough earth to ensure fast growth. Smaller plants include Banksia and heathers.

As in Mackenzie's other projects, extensive use was made of computer technology at all stages of project development. The software used was Aldus Freehand.

Overall, the project has the merit of returning Coogee´s feeling of being a seaside village and respecting the older style of the beachfront.

La convocatoria en 1987 por parte del Ayuntamiento de Randwick de un concurso restringido a cuatro estudios profesionales para un plan director reordenador de Coogee Plaza, en la costa de Sydney, es fruto de un progresivo cambio de actitud en las tendencias estéticas de la comunidad. El indefinido frente de playa existente resultaba insatisfactorio, dominado por el tráfico automovilístico y sembrado de postes y señalizaciones. Los árboles, que atenuaban la sensación de desorden, habían ido desapareciendo a consecuencia de los contaminantes procedentes de las aguas residuales y del viento. Las nuevas necesidades demandaban zonas de paseo más dignas, de mayor interés y colorido.

Bruce Mackenzie & Associates fue el estudio de paisajismo elegido en el concurso para llevar a cabo la remodelación de este sector de la costa. Durante 25 años, esta firma ha producido obras de diseño innovador en la mejora de diversos entornos australianos, incluyendo viviendas y urbanizaciones residenciales, autopistas, aeropuertos, industrias, centros educativos y parques. Hasta enero de 1993, fecha en que Bruce Mackenzie abandona la dirección de esta sociedad para fundar el estudio de diseño Bruce Mackenzie Design Pty. Ltd., los otros dos responsables principales del estudio eran Malcolm Graham, en la gestión de proyectos y desarrollo del diseño, y Larraine Mackenzie, en el apartado administrativo y de servicios informáticos.

Another busy point, with the Dolphin Street Terrace to the north.

General view of the promenade.

The seafront has two levels.

The main entrance is marked by an especially elaborate design.

The promenade envelops the terraces.

Otro de los lugares de mayor tránsito, con la terraza de la calle Dolphin al final del extremo norte.

Vista general del paseo.

El paseo marítimo se desdobla en dos niveles.

La entrada principal se marca en el pavimento mediante un diseño especialmente elaborado.

El paseo envuelve a las terrazas.

Bruce Mackenzie (Sydney, 1932) estudió en el Technical College de Sydney Este. Se integra en el Instituto Australiano de Arquitectos Paisajistas (AILA) en 1969 y desde ese año hasta 1973 imparte clases del programa del posgrado de Urbanismo de la Universidad de Sydney. Ha sido conferenciante invitado en facultades de paisajismo, arquitectura y horticultura de toda Australia, y ponente en congresos celebrados en Australia, Nueva Zelanda, Canadá y Hong-Kong. Ha ostentado diferentes cargos dentro de su profesión y ha escrito diversos artículos en varias publicaciones. Malcolm Graham (Sydney, 1959) se licencia en Arquitectura del Paisaje por la Universidad de Nueva Gales del Sur en 1982. Ha participado en el proyecto del gran parque temático Australia´s Wonderland, al oeste de Sydney.

Entre las obras premiadas de Bruce Mackenzie y Asociados destacan: la Reserva de Illovira (Peacock Point, Balmain); la Embajada de Australia en Francia; la Embajada de Australia en Tailandia; el Parque de Long Nose Point (Birchgrove); Port Botany, ampliación del Sir Joseph Banks Park, (Botany); el Bicentennial Park-Glebe, (Rozelle Bay, Sydney) y el Ku-ring-gai Bicentennial Park, (Sydney). Algunos de los objetivos perseguidos con el nuevo plan director de la franja costera de Coogee han sido revitalizar el lugar como espacio de recreo y belleza natural, disminuir el tráfico y dar mayor seguridad a los peatones, eliminar construcciones superfluas y otros elementos como postes y cunetas, y abrir las vistas a la playa. Para su consecución, Bruce Mackenzie y Asociados proponen las siguientes medidas: eliminar Beach Street, peligrosa carretera costera e improvisado aparcamiento; extender las zonas verdes más allá de la carretera; restituir el trazado de la muralla marítima, acorde con la bahía, y dotarla de un paseo digno. La nueva sección del paseo incluye un nivel inferior adicional, rampas de acceso para minusválidos y un anfiteatro que sustituye obsoletas construcciones de hormigón. El coste total de la operación supera los cinco millones de dólares.

The wood and stainless steel structure provides shade next to the old wall.

Side view of the structure, next to the old wall.

View from above of the structure providing shade.

La estructura de madera y acero inoxidable proporciona un área de sombra junto a la vieja pared.

Vista lateral de la estructura junto al muro preexistente.

Vista superior de la estructura que proporciona un espacio sombreado.

Detail showing the arrangement of the terraces.

General plan of Coogee Beach Plaza.

Detalle de la disposición de las terrazas.

Planta general de Coogee Beach Plaza.

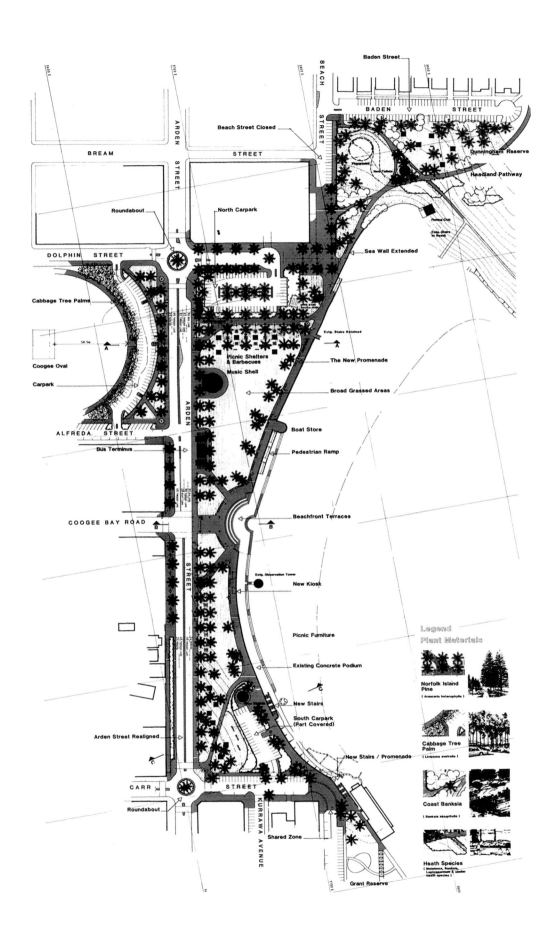

Baden Street

BADEN STREET

Beach Street Closed

BREAM STREET

Dunningham Reserve

Headland Pathway

Roundabout

North Carpark

DOLPHIN STREET

Sea Wall Extended

Cabbage Tree Palms

Extg. Stairs Retained

Coogee Oval

The New Promenade

Carpark

Picnic Shelters & Barbecues

Music Shell

Broad Grassed Areas

ALFREDA STREET

Boat Store

Bus Terminus

Pedestrian Ramp

COOGEE BAY ROAD

Beachfront Terraces

Extg. Observation Tower

New Kiosk

Picnic Furniture

Legend
Plant Materials

Existing Concrete Podium

Norfolk Island Pine
(Araucaria heterophylla)

New Stairs

South Carpark
(Part Covered)

Cabbage Tree Palm
(Livistona australis)

Arden Street Realigned

New Stairs / Promenade

Coast Banksia
(Banksia integrifolia)

CARR STREET

Roundabout

Shared Zone

Heath Species
(Melaleuca, Banksia, Leptospermum & similar heath species)

Grant Reserve

39

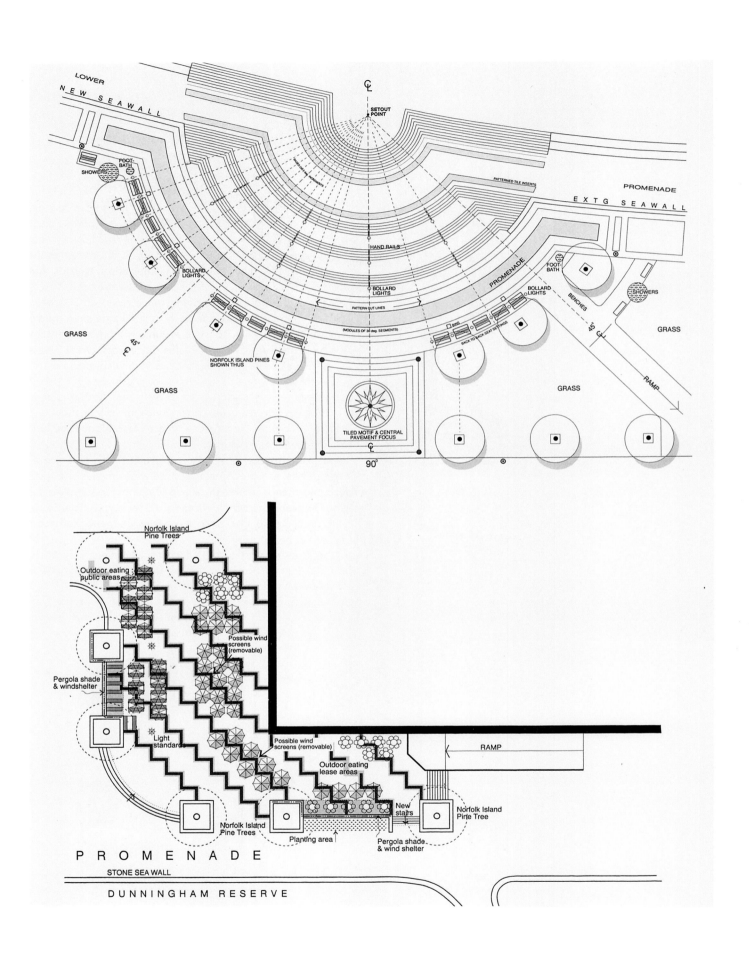

El nuevo pavimento, diseñado para el frente de playa, márgenes de la carretera y paseos del parque, se basa en una combinación de adoquines corrientes en arcilla con otros adoquines especiales (40 x 20 cm), en los tonos carbón vegetal y blanco agrisado. Estos últimos consisten en una densa mezcla de áridos finos parcialmente esmerilada para conseguir una superficie de semi-terrazo con aristas biseladas. Para un mayor control del presupuesto, la proporción de piezas especiales frente a las normales es de un 10%. Tres puntos reciben un tratamiento más elaborado en el diseño de su pavimentación: las terrazas centrales, el umbral de la playa, y la zona compartida por la terraza de Dolphin Street (al norte) y Carr Street (al sur), donde coinciden vehículos y peatones. Capítulo aparte merece el principal acceso a la playa, justo en el eje central de la composición, donde se representa de forma estilizada una flor típica de la zona empleando azulejos vitrificados de colores.

El paseo inferior, prácticamente en el nivel de la arena, supera los 600 m de longitud y tiene una anchura media de siete metros. Su tratamiento es más sencillo, consiste en un pavimento expansivo de hormigón con algunos detalles en azulejos de colores. Otras piezas del paseo, tales como peldaños o albardillas, son prefabricadas para facilitar la puesta en obra y controlar mejor su calidad, colores, texturas y diseño. Se presta especial atención a los elementos integrantes de las zonas de aparcamiento, por ser estas zonas punto inicial y final de la jornada para el visitante a la playa. Se emplean en este caso bloques de hormigón para delimitar las zonas asfaltadas.

Las palmeras son un elemento significativo en la nueva imagen de Coogee Plaza, en una combinación de especímenes transplantados y de vivero. No menos importantes son los pinos de la Isla de Norfolk, protegidos convenientemente y dotados de terreno suficiente para lograr su rápido crecimiento. En cuanto a especies de menor talla, se recurre a la banksia y el brezal.

Como en otros proyectos debidos a Mackenzie, se hace uso extensivo de la informática en todas las fases de desarrollo del proyecto. El software empleado ha sido *Aldus Freehand*.

En conjunto, la nueva intervención tiene el mérito de haber devuelto a Coogee el sentido de ser una población encarada al mar, respetando el antiguo estilo de su frente marítimo.

Scheme to pedestrianise Coogee Beach Road.

Picnic shelters next to the beach promenade.

The balustrade is made of aluminium columns, stainless steel tubing and tensioned wire cables.

Propuesta de conversión del paseo marítimo de Coogee en calle peatonal.

Zona de pícnic junto al paseo de la playa.

La balaustrada se compone de columnas de aluminio, una estructura tubular inoxidable y cables de acero tensados.

Rio Shopping Center

Martha Schwartz

Location: Atlanta, Georgia, USA
Client/Promoter: Ackerman and Company
Collaborators: Arquitectonica Architects

Martha Schwartz studied fine arts before succumbing to the attractions of landscape architecture and this led to her soon becoming known for surprising everybody by using rather aggressive colours and unusual materials in her landscapes. Her work received angry and sarcastic criticisms, and it was even said that her projects had nothing to do with landscape design. This, however, did not affect her work in the slightest. On the contrary, it helped to make her paradigmatic design for the Whitehead Institute, the Splice Garden -a pretty and strange contrast between the contemplative forms of a Japanese Zen garden and the severe geometry of a French garden, with artificial materials painted green- into an icon of the new wave in American landscape design.

The fake topiaries at the Whitehead Institute are perhaps the best example of Martha Schwartz´s visual interest in cheapness. This interest is reminiscent of pop art, with her use of synthetic materials and commonly used objects from the human landscape, and is unquestionably captured in the golden frogs in the black pool at the Rio Shopping Center, emblems of the purest suburban kistch.

Martha Schwartz studied Fine Arts at the University of Michigan, Ann Arbour, graduating cum laude in 1973. She then followed a postgraduate course on Landscape Architecture (1974-76) at the same university, receiving her master´s in 1977. She completed her academic education with the landscape architecture programme at Harvard University Graduate School of Design (1976-1977).

She started her professional career with the SWA Group East in Boston, Massachusetts. In 1983 she set up a landscape architecture studio in partnership with Peter Walker, with one office in San Francisco

Panoramic view of the pool with the geodesic sphere in the background.

Close view of the sloping terrain of grass beds and strips of gravel that shelters the frogs.

Vista panorámica del estanque con la esfera geodésica al fondo.

Primer plano del desnivel de franjas de grava y parterres que alberga las ranas ortogonalmente dispuestas.

and another in New York to keep in touch with the contemporary art world. In 1990, after a brief partnership with Ken Smith and David Mayer, she started her own company with offices in Cambridge, Massachusetts, and San Francisco. The objectives of Martha Schwartz Inc. are to explore the relationships between art, culture and landscape and challenge the most traditional and static concepts of landscape design. In under three years in business, Martha Schwartz´s office has received four awards, as well as an ASLA Honour Award (The Citadel Grand Allée, 1991).

Her most outstanding projects include the Turf Parterre Garden in New York (Battery Park), The King County Jail Plaza in Seattle, the Whitehead Institute mentioned above, Marina Linear Park in San Diego, The Swimming Hall of Fame in Fort Lauderdale, Florida, and, of course, the Rio Shopping Center, which earned her an award from ASLA and another for urban design from Atlanta City Council (1989).

Rio Shopping Center is a relatively small speciality commercial centre. The shopping complex was designed by Arquitectonica International Corporation as a small urban nucleus, with separate and defined constructions and pedestrian access between the inner courtyard and the outdoor car park.

This complex is located in the centre of a city which Martha Schwartz describes as horrendous for its absolute lack of urban planning. The landscape design project for its courtyard marked a pioneering initiative for a zone in need of revitalising. The lack of structure in the area obliged the artist to partly abandon contextualism for aggresive expression: «if I had merely built something nice and smart there it wouldn´t have mattered, nobody would notice it... You must be contextualist but you must also be aggressive, more aggressive than everything else going on around you.»

The objectives of the landscape design project were to create a space with a high level of visibility and activity, a transition between the main road some three metres above the first level of shops, and to create an image at the adjacent busy intersection that would be both striking and

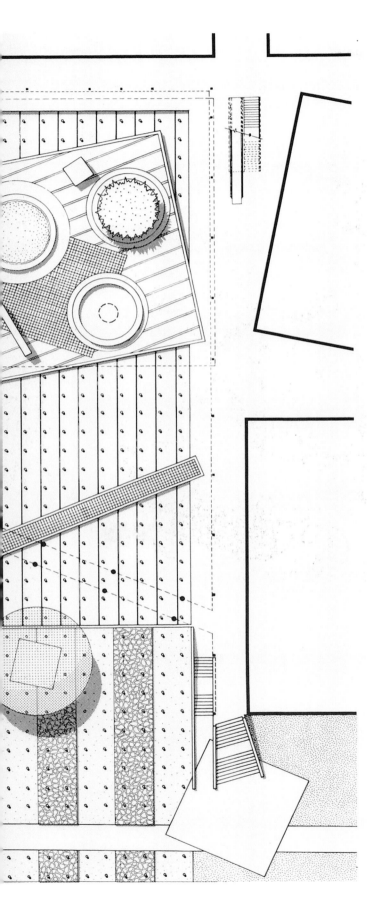

memorable, and that would include the activity of this corner as an element of the shopping centre.

To achieve these objectives, the artist treated the design of the courtyard, a very architectural space, in the same vocabulary as the surrounding buildings. She therefore used a constructivist design of individual freefloating geometric objects falling into space. This design, which is somewhat reminiscent of a three-dimensional representation of a painting by El Lissitsky, entails a series of overlapping squares, alternating between different complementary materials - lawn, paving, stones, architecture. Geometric elements - lines, circles, spheres, cubes - are laid over these squares. The individual elements are set within the context of a mysterious black pool, striated by fibre optic lines which glow at night.

A 12-m-high geodesic sphere covered with vines and housing a mist fountain establishes the visual focus from the road and from within the complex. The slope between the road and the courtyard consists of alternating strips of painted gravel and ferns onto which is set a grid of golden frogs. The frogs continue off the slope through the pool, all facing the giant sphere as if in worship. An inner square plaza becomes the main meeting place and houses a circular bar, a bamboo grove which punctures the roof, a lift shaft and a video screen showing works by the artist Darra Birnbaum.

A floating path, reflected above by a bridge, connects one side of the shopping centre to the other. The range of colours is bold: an intense combination of non primary reds, blues, blacks, yellows, golds and greens. The overall ambience of the project is that of a pop, kitsch, loud space.

Antes de dejarse seducir por la arquitectura de paisajes, Martha Schwartz se formó como artista plástica. De ahí que pronto adquiriera la costumbre de sorprender mediante la utilización en sus paisajes de colores casi agresivos y de materiales insólitos o muy poco frecuentes en este tipo de estructuras. Los comentarios sarcásticos y furiosos fueron acumulándose hasta el punto que se llegó a decir que sus instalaciones no tenían nada que ver con el paisajismo. Pero todas esas críticas no hicieron mella en su obra. Al contrario, más bien contribuyeron a que su paradigmático diseño para el Whitehead Institute, el Splice Garden —una bella y extraña contraposición entre las formas contemplativas de un jardín zen japonés y las rigurosas geometrías de un jardín francés, todo ello realizado con materiales artificiales pintados de verde— se convirtiera, poco después de su ejecución, en un icono de las nuevas tendencias que irrumpen cada vez con mayor fuerza en el paisajismo americano.

Partial view of the frogs in the pool.   *Vista parcial de las ranas en el estanque.*

Partial view of the bridge across the pool.   *Vista parcial del puente sobre el estanque.*

General plan: central courtyard of the shopping centre, slope and other quadrangular elements connecting the road to the courtyard.   *Plano general: patio central del centro comercial, desnivel y otros elementos cuadrangulares que conectan la carretera con dicho patio.*

Los falsos setos del Whitehead Institute son quizás el mejor ejemplo del interés visual por lo barato que demuestra Martha Schwartz. Un interés no exento de connotaciones pop en los accesorios sintéticos, y por los objetos de uso común que ofrece el paisaje popular, interés que también queda plasmado, indiscutiblemente, en las ranas doradas que jalonan como emblemas del más puro *kitsch* suburbano la piscina negra del Rio Shopping Center.

Martha Schwartz cursó estudios de Bellas Artes en la Universidad Ann Arbor de Michigan, graduándose cum laude en 1973. A continuación, estudió en la misma universidad un curso de posgrado de paisajismo (1974 - 1976). El programa de Arquitectura del Paisaje de la Escuela de Diseño de la Universidad de Harvard (1976 - 1977) fue la última etapa de su formación académica.

Su experiencia profesional se inicia en Boston (Massachusetts) con el SWA Group East. En 1983 se asocia con Peter Walker para fundar en San Francisco un estudio de paisajismo, manteniendo abierta al mismo tiempo una sucursal en Nueva York con objeto de no perder contacto con el mundo del arte contemporáneo. En 1990, después de una breve singladura en asociación con Ken Smith y David Meyer, acuña la firma Martha Schwartz, Inc., con despacho abierto en Cambridge (Massachusetts) y también en San Francisco. En menos de tres años de existencia, el estudio de Martha Schwartz, cuyo objetivo es explorar las relaciones entre arte, cultura y paisajismo, y desafiar los conceptos más tradicionales y estáticos del diseño de paisajes, ha recibido cuatro premios y una mención (The Citadel Grand Allée, 1991).

Entre sus proyectos más destacados se incluyen el Turf Parterre Garden de Baltery Park. (Nueva York), el King County Plaza de Seattle, el ya citado Whitehead Institute, el Marina Linear Park de San Diego, el Swimming Hall of Fame de Fort Lauderdale (Florida) y, por supuesto, el Centro Comercial Rio, que le valió un premio ASLA y otro por diseño urbano en la ciudad de Atlanta.

El Centro Comercial Rio, de dimensiones relativamente modestas, fue diseñado para alojar comercios especializados. Concebido como un pequeño núcleo urbano, con construcciones separadas y definidas, el complejo comercial proyectado por Arquitectonica International Corporation permite que el viandante circule desde el patio interior hacia el aparcamiento situado en el exterior.

El proyecto paisajístico del patio central de este complejo, situado en la franja central de una ciudad que Martha Schwartz califica de horrible por su falta absoluta de ordenación urbanística, marcó una iniciativa pionera en una zona que había que revitalizar. La desestructuración de la zona obligó a la artista a abandonar en parte el contextualismo en provecho de la agresividad expresiva: «Si tan sólo construía algo bonito allí, no pasaría nada, nadie se daría cuenta de ello... Tienes que ser contextualista pero también has de ser agresivo, más agresivo que todo lo que sucede alrededor.»

El proyecto paisajístico se planteó como objetivos las creación de un espacio muy visible que invitara al desarrollo de una gran actividad, la transición desde la carretera que se encuentra a unos tres metros por encima del primer nivel de tiendas y la formación de una imagen en el cruce adyacente, abarrotado de tránsito, que fuera a la vez impactante y memorable, y que incluyera la actividad de dicha intersección como un elemento más del centro comercial.

Para aportar una solución a estos objetivos, la artista se propuso tratar el paisaje del patio, un espacio a su vez muy arquitectónico, con el mismo vocabulario que los edificios. De ahí que empleara un lenguaje constructivista, utilizando un diseño de objetos geométricos, cada uno con su integridad propia, flotando libremente en el espacio. La solución, que recuerda en cierto modo una pintura de El Lissitsky realizada en tres dimensiones, comporta una serie de cuadrados superpuestos que van alternándose, hechos con distintos materiales que se complementan: césped, asfalto, piedras, arquitectura. Sobre estos cuadrados se disponen elementos geométricos: líneas, círculos, esferas, cubos. Los elementos individuales quedan englobados entonces en el contexto de un misterioso estanque negro estriado por unas líneas de fibra óptica que emiten su luz difusa durante la noche.

Una esfera geodésica de unos 12 m de altura, cubierta con enredaderas y que alberga una fuente de niebla, establece el foco visual desde la carretera y desde el interior del complejo. El desnivel que conecta la carretera con el patio se resuelve con una serie de franjas de grava pintada, en alternancia con otra serie de parterres rectangulares, sobre los cuales se disponen ortogonalmente una serie de ranas de yeso recubiertas de pintura dorada. Las ranas se alejan gradualmente de la pendiente, atravesando el estanque, todas ellas de cara a la esfera gigante, en postura de adoración. Una plaza interior cuadrada se convierte en el punto de reunión principal: la plaza alberga un bar circular, un soto de bambúes que perfora el tejado, un ascensor exento y una pantalla de vídeo que muestra las obras de la artista Darra Birnbaum.

Un camino suspendido, reflejado más arriba por un puente, conecta un lado del centro comercial con el otro. La paleta de colores es atrevida: una intensa combinación de rojos no primarios, azules, negros, amarillos, dorados y verdes. La atmósfera general que se desprende de la plaza es la de un espacio pop, *kitsch* y subido de tono.

Partial view of the inner square which serves as a main meeting place.

Panoramic view of the shopping centre model: the landscape design project is highligted in colour.

Vista parcial de la plaza interior que sirve de punto de reunión principal.

Vista panorámica de la maqueta del centro comercial; el proyecto puramente paisajístico queda destacado en color.

Union Bank Park
Heiner Rodel

Location: Zurich, Switzerland
Client/Promoter: Union Bank of Switzerland - Zurich
Collaborators: Stephanie Knoblich (landscape architect), Sergio Notari (designer)

As urban areas grow and cities take over the countryside, landscape design and environmental art capable of recreating the most representative elements of unpolluted nature in urban surroundings take on an increasingly important role. The fountains and ponds which have characterised European cities for centuries, are particularly good examples of the combination of art and nature. Following this ancient tradition, the «Time Machine» fountain in Union Bank Park was designed not by a town planner or an architect, but by a sculptor - Ivan Pestalozzi - who collaborated with Heiner Rodel in the design of this recreational area called Union Bank Park.

Heiner Rodel is a Swiss landscape architect with extensive experience in planning and designing squares, industrial buildings, housing projects and large private gardens. Examples of the latter include numerous exotic projects for members of the royal family and other important people from Saudi Arabia, although the other landscapes designed later by Rodel in other locations, including his native Switzerland, are equally important.

Rodel studied at the Technical School of Gardening and Landscape Design in Freising-Weihenstephan, Germany, graduating as Landscape Engineer. He had already participated in various projects while still a student, some of which received awards, including Kolping House in Stuttgart, the Garching school near Munich etc. However, his professional career proper did not take off until 1971, when he was employed by A. Zulauf in Baden, Switzerland. He worked for the studio of Prof. Pietro Porcinai in Florence from 1972 to 1977, collaborat-

General view of Union Bank Park.

Vista general del parque del Union Bank.

49

Hour balls in the foreground, with partial view of the Time Machine.

Side view of the Time Machine against the granite steps, with the building in the background.

Hour balls in one of the pools in the park.

Primer plano de las bolas horarias y vista parcial de la Máquina del Tiempo.

Vista lateral de la Máquina del Tiempo enmarcada por las gradas de granito y el edificio al fondo.

Bolas horarias en uno de los estanques del parque.

ing in various projects and studies in Italy, France, Monaco, Greece, Iran and Saudi Arabia.

In 1977, Rodel opened his own garden and landscape architecture studio en Massagno-Lugano (Switzerland), designing various projects for Saudi Arabia – sports clubs in Janbu, Mubarraz and Dilam, palaces and private villas for the princes Faisal, Fahd, Mansour and Saud, landscape planning for the cities of Taif, Mecca and Medina, the Swiss Embassy, etc – as well as in other countries in the Middle East, Italy and Switzerland. Heiner Rodel´s main landscape projects include: the Sonhalde new housing project in Benglen, Switzerland, the Il Giardino hotel complex in Ascona, Switzerland; his prize-winning entry in the competition for the extension of a Hotel and Nautical Club on Comino Island, Malta; J. Marquard´s house in Herrliberg, Switzerland; the Alpamare Water Recreation Park, Bad Tölz, Germany, as well as the project under discussion, Union Bank Park.

The Union Bank Building is located in the industrial district of Zurich, a busy commercial area. Together with the adjacent building, the Union Bank forms a three sided closed forecourt, bounded by a rather unsightly street to the north. This made extensive alteration of the surroundings necessary, and it was necessary to design a new entrance area for the building, sufficiently representative and with its own identity, while ensuring a recreational atmosphere for the numerous employees of the bank. The street was transformed into a tree-lined avenue opening onto a radially arranged urban public space. A perspective leading clearly to the building´s new entrance is formed by a layout of straight lines converging on a focal point beyond the entrance door. The depth which this perspective lends to the space is further highlighted by the imposing stairways between the different levels, in the form of a truncated pyramid, establishing a dialogue with the pyramidal transparent shelters further back.

The three levels in this new space are devoted to different themes: water, plants and stone. These elements form totally different areas, some of which are highly dynamic, encouraging activity, and others are calm peaceful spaces ideal for contemplation and getting away from the hustle and bustle. The element of stone can be seen in the light coloured granite and quartzite laps used to pave the linear framework, with porphyry cobblestone everywhere else. The use of the porphyry to pave the non-linear spaces helps to emphasise the radial layout. The plant element consists basically of lawn, which covers the recreational areas, and acacia trees (Robinia pseudoacacia «Umbraculifera») separating the different spaces in the third dimension. The element of water constitutes one of the park´s main focal points. A still water pool in front of the bank´s entrance mirrors the entrance roof. The water flows over steps and small waterfalls, through various pools down to the lowest pool housing Ivan Pestalozzi´s sculpture, called the Time Machine.

The various objects populating this recreational area form an interface between architecture and open space. The object dominating the entire space is the Time Machine mentioned above, a 12m high filigree iron structure. The time is indicated by 24 multicoloured polyester balls, one of which drops from the iron structure into the pond every hour. Thanks to this device, time acquires a palpable dimension.

This open space was tailored to the needs of the bank´s workers. Years later, users are still fascinated by its modest elegance and cunning, sly humour.

A medida que la urbanización avanza, a medida que la ciudad crece en detrimento del campo, aumenta en importancia el rol del paisajismo y de un arte ambiental capaz de recrear los elementos más representativos de la naturaleza impoluta en el entorno urbano. En particular, las fuentes y los estanques, que han caracterizado a las ciudades europeas desde hace siglos, son auténticos paradigmas de la combinación de arte y naturaleza. Siguiendo esta tradición antigua, la Fuente de Tiempo del Union Bank Park ha sido diseñada, no ya por un urbanista o un arquitecto, sino por un escultor –Ivan Pestalozzi– que ha colaborado con Heiner Rodel en el diseño de este área de recreo que es el Union Bank Park.

Heiner Rodel es un paisajista suizo con amplia experiencia en la proyección y diseño de plazas, edificios industriales, bloques de viviendas y grandes jardines privados. Entre estos últimos, conviene destacar por su exotismo los numerosos proyectos realizados para miembros de la familia real y otras personalidades de Arabia Saudí, sin quitar por ello importancia a los innumerables paisajes proyectados más tarde por Rodel en otros enclaves, especialmente en su país natal, Suiza.

Heiner Rodel cursó estudios en la Escuela Técnica de Jardinería y Paisajismo de Freising-Weihenstephan, en Alemania, donde se graduó como ingeniero del paisaje. En el transcurso de su vida académica había participado ya en varios proyectos, algunos de ellos merecedores de premios: la casa Kolping en Stuttgart, la escuela en Garching, cerca de Munich, etc. Pero su trayectoria profesional propiamente dicha no arranca hasta 1971, fecha en la que es empleado por la firma de A. Zulauf en Baden, (Suiza). De 1972 a 1977 trabaja en el estudio del profesor Pietro Porcinai, en Florencia, colaborando en diversos proyectos y estudios en Italia, Francia, Mónaco, Grecia, Irán y Arabia Saudí.

En 1979, Rodel abre su propio estudio de paisajismo y arquitectura de jardines en Massagno-Lugano (Suiza), desde donde elabora diversos proyectos para Arabia Saudí –clubes deportivos en Janbu, Mubarraz y Dilam, palacios y villas privadas de los príncipes Faisal, Fahd, Mansour y Saud, planificación paisajística de las ciudades de Taif, Meca y Medina, embajada suiza, etc.–, así como para otros países del Próximo Oriente, Italia y Suiza. Pueden citarse, entre los proyectos de paisajismo más destacados de Heiner Rodel: la urbanización Sonhal en Benglen, (Suiza), el complejo hotelero Il Giardino en Ascona (Suiza); el concurso para la extensión de un hotel y un club náutico en la isla Comino (Malta), por el cual ganó el primer premio; la casa de J. Marquard en Herrliberg (Suiza); el parque acuático Alpamare en Bad Tölz (Alemania), y el proyecto que nos ocupa, el Union Bank Park.

Three elements - water, plants and stone - are used side by side.

Detail of the porphyry paving framed by linear elements in granite.

Coexistencia de los tres elementos: agua, plantas y piedra.

Detalle del pavimento de pórfido enmarcado con elementos lineales de granito.

Aerial view of Ivan Pestalozzi´s Time Machine.

Vista aérea de la Máquina del Tiempo de Ivan Pestalozzi.

El edificio del Union Bank se sitúa en el área industrial de Zurich, en una zona que también alberga múltiples actividades comerciales. Dicho edificio compone, junto con el adyacente, un antepatio cerrado por tres de sus lados y determinado en el norte por una calle de escaso interés estético. Esto imponía una profunda alteración del entorno y hacía a la vez necesario diseñar una nueva zona de entrada al edificio, suficientemente representativa y dotada de entidad propia, sin olvidar por ello la obtención de una atmósfera recreativa para los numerosos empleados de la entidad bancaria.

La calle fue transformada en una avenida flanqueada de árboles, abierta a su vez a un espacio público urbano radialmente dispuesto. Mediante un trazado de líneas rectas, convergentes todas ellas hacia un punto de fuga situado más allá de la puerta de entrada, se forma una perspectiva que, de modo irrefutable, señala el nuevo punto de acceso al edificio bancario. La profundidad que esta perspectiva aporta al espacio queda más realzada aún si cabe por el juego imponente de los desniveles que, resueltos como secciones o troncos de pirámides escalonadas, establecen un diálogo con los toldos piramidales y transparentes que se sitúan más al fondo.

Los tres niveles que emergen de este nuevo espacio están consagrados a diferentes temas: agua, plantas y piedra. Gracias a este juego de elementos se forman zonas totalmente diversas unas de otras. Algunas, muy dinámicas, invitan a la actividad; otras, en cambio, calmadas y serenas, conforman espacios aptos para esconderse del bullicio y para dedicarse a la contemplación.

El pavimento, es decir, el elemento pétreo, está hecho de granito de tonos claros y de partes de cuarcita en las secciones lineales del entramado y de conglomerado de pórfido en todas las demás zonas. El uso del pórfido en el pavimento de las zonas no lineales contribuye a dar énfasis a la estructura radial del conjunto.

El elemento vegetal se compone básicamente de césped, que recubre las superficies destinadas al recreo propiamente dicho y de las acacias (*Robinia pseudoacacia Umbraculifera*) que se encargan de separar las distintas zonas en la tercera dimensión.

El elemento acuático constituye uno de los focos de atención del parque. Frente al umbral del banco se extiende un estanque de agua en remanso que refleja la cubierta de la entrada. Siguiendo un curso accidentado de escalones y pequeñas cascadas, el agua circula por varios estanques hasta llegar al que se sitúa en el nivel más bajo, el que alberga la escultura de Ivan Pestalozzi, llamada la Máquina del Tiempo.

Los objetos diversos que pueblan esta zona de recreo forman un nexo de unión entre la arquitectura y el espacio abierto. El objeto que domina todo el conjunto es la ya citada Máquina del Tiempo, una estructura de 12 m de altura construida en filigrana de hierro. El tiempo queda indicado por 24 bolas multicolores de poliéster. Al paso de cada hora cae una de las bolas a un estanque desde la estructura de hierro; gracias a este artificio, el tiempo adquiere una dimensión palpable.

El espacio abierto fue conformado a medida para los trabajadores del banco. Años más tarde, los usuarios continúan manifestando su fascinación por la modesta elegancia del conjunto y por su humor malicioso y furtivo.

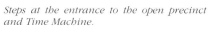

Steps at the entrance to the open precinct and Time Machine.

General view of Union Bank Park and its urban surroundings.

Gradas escalonadas de entrada al recinto abierto y Máquina del Tiempo.

Vista general del parque del Union Bank y el entorno urbano circundante.

Grand Mall Park

Tokyo Landscape Architects

Location: Yokohama, Japan
Client/Promoter: Forest Administration Department, Yokohama City
Collaborators: Uni Engineering Inc., Yu Kenchiko Sekkei, Nihon Setsubi Sekkei
(design), Motoko Ishii Lighting Design Inc. (lighting design)

In their design for the Grand Mall Park in Yokohama, Tokyo Landscape Architects have used a wide range of some of the most effective and suggestive resources that can be used in landscape design: light, water and vegetation. They have also used a rather unusual element in a project like this: sound. The end result is extremely fascinating, dramatic and appealing to the senses.

In effect, the Grand Mall Park has not solely been planned around a merely functional axial reorganisation of public spaces. The objectives of the project were to transform the site into a striking feature within its urban setting, and references and symbolism provide the park with an almost lyrical content. All the formal components combine to create the metaphorical image of a city with its own personality and a maritime spirit.

The company behind this project is Tokyo Landscape Architects, directed by Haruto Kobayashi. He was born in 1937 in the city of Matsumoto, Nagano prefecture, and graduated in Landscape Architecture from the Tokyo Agricultural University in 1961. He worked as an engineer in the Civil Engineering Division of Niigata prefecture (1963-1968) before joining the Environmental Planning Department of Tokyo Consultants Co. Ltd. He was made president of Tokyo Landscape Architects in 1972, and of TLA Environmental Planning in 1978, and has been director of ALP Designers Inc. since 1972.

The professional services offered by this Japanese studio include: research and studies on the natural, social and economic factors of the setting; urban and regional planning; urban landscape design (parks and

View of a spectacular effect of water and light.

The play of water from the water jets.

Vista de uno de los espectaculares juegos de agua y luz.

Juego acuático de surtidores.

open spaces); architectural design; and civil engineering in natural settings. Their extensive work has received some of the most prestigious awards in Japanese landscape design, such as the Institutional Prize and the Shimoyama Prize from the Japanese Institute of Landscape Architects, and the Tokyo Grand Prize for Landscape Architecture in 1977. Their most recent projects include the Soshu Island Botanical Garden, the design of Yokohama Expo '87, the Asaka Green Hill Golf Club and the Green Fair '93 Ibaraki.

The park occupies a privileged position in Yokohama's urban fabric, at the centre of the Grand Mall, one of the main axial avenues running through the Minato Mirai 21 Center District (MM21). This is one of the most ambitious planning projects in Yokohama, an international cultural city development, accommodating some of the city's most representative cultural spaces.

The park has been sited in front of the Yokohama City Art Museum, serving as a nerve centre for this cultural area and defining the pedestrian use of the Grand Mall. Three basic objectives have been achieved with the creation of this new public space, a point to focus the linear layout of the urban fabric. The museum's facade has been provided with a new visual dimension, and the network of open public spaces in Minato Mirai 21 Center District has been completed, forming a strategic centre between Nihonmaru and Rinko Parks.

From the planning point of view, the park's design was based on four essential criteria. The first of these lies in the symbolic conception of the space. As mentioned, water, vegetation and illumination have been used in an attempt to provide a metaphorical stage to serve as an image for the city's identity. These elements have been used to suggest various ideas: the wide expanse of sea, a long treelined promenade and pictori-

Nighttime view of the promenade.

The lighting design serves to identify the park's various features.

The site has also been designed for use at night.

View of the points of light set in the paving.

Here we can see the new image of the museum's facade.

Vista nocturna del paseo peatonal.

El diseño luminotécnico confiere identidad a los distintos episodios formales del parque.

El lugar se ha concebido con una clara vocación noctámbula.

Vista de la iluminación puntual del pavimento.

Nueva imagen de la fachada del museo.

al motifs on the paving encourage contemplation. These narrative components complement each other to create the desired unified image for the project.

The second factor underlying the project was the need to provide the park with physical substance by means of creating various geographical features. The park´s central space has been raised three metres above street level. It has thus been possible to develop a new sense of space, artificially manipulated through the orographic design of smooth slopes, drops and waterfalls.

The third factor was based around the scenic conception of the site, which serves as a stage, plaza and garden. This versatility was motivated by its privileged location in front of the museum: the open space had to complement the range of the building´s cultural identity, as a site for artistic activities or other public events.

Lastly, the intention was to create a park for the use and enjoyment of the public. All the components of the project are designed to define a space encouraging enjoyment, relaxation and contemplation.

The most striking elements in the project include two small circular pavilions with a latticework structure and paved with an attractive star motif. Water also plays an essential role in the design. Cascades, canals, fountains and water jets have been used to create a space evoking the sea, emphasised by a suggestive acoustic device: beneath the paving there are various mechanisms recreating the sound of waves. Lastly, the spectacular lighting effects enhance the park´s dramatic nature. The ground is dotted with numerous points of varying illuminace, colour and brightness, like footlights; floodlights light up the trees; light towers evoke lighthouses; and there is underwater lighting for the water components.

En el diseño del Grand Mall Park de Yokohama, la firma Tokyo Landscape Architects Inc. ha utilizado una amplia gama de recursos de los más eficaces y sugerentes que se pueden emplear en la actividad paisajística: luz, agua y vegetación. Si a esto se añade la inclusión de un elemento poco frecuentado en este tipo de operaciones, como es el empleo del sonido, el resultado final adquiere una enorme capacidad de fascinación y un poder de sugestión sensorial de gran intensidad dramática.

En efecto, la planificación del Grand Mall Park no está centrada únicamente sobre una mera función de reorganización axial de espacios ciudadanos. Los objetivos de la actuación pretenden transformar el lugar en un episodio de fuerte impacto en el paisaje urbano, lleno de referencias y simbolismos que proporcionen al parque un contenido casi lírico. De este modo, todos los componentes formales se conjugan para crear la imagen metafórica de una ciudad dotada de personalidad propia, con continuas alusiones a su espíritu marítimo.

Los artífices de este proyecto pertenecen a la sociedad Tokyo Landscape Architects, que tienen su principal responsable en la persona de Haruto Kobayashi, nacido en 1937 en la ciudad de Matsumoto, prefectura de Nagano. En 1961 obtuvo su titulación de arquitecto paisajista por la Universidad de Agricultura de Tokio, ejerciendo como ingeniero en la División Civil de Ingeniería de la prefectura de Niigata (1963 - 1968). Posteriormente entra a formar parte del Departamento de Planificación Medioambiental de la firma Tokyo Consultants Co. Ltd., accediendo en

1972 a la presidencia del Tokyo Landscape Architects Inc. y en 1978 a la del TLA Environmental Planning Inc. Desde 1972 es director de la ALP Designers Inc.

Los objetivos profesionales del estudio japonés apuntan en varias direcciones: investigación y estudio de los factores naturales, sociales y económicos del entorno; planificación urbanística y regional; paisajismo urbano (parque y espacios abiertos); diseño arquitectónico; e ingeniería civil integrada en entornos naturales. Su amplia obra ha sido merecedora de algunos de los galardones más prestigiosos del paisajismo nipón como el Premio Institucional y el Premio de Arquitectura de Paisaje Shimoyama de Tokio en 1977. Entre sus creaciones más recientes hay que citar el Jardín Botánico de la isla de Soshu, el diseño de la Yokohama Expo´87, el club de golf de Asaka Green Hill y la Green Fair´93 Ibaraki.

El parque ocupa un puesto privilegiado en el tejido urbano de Yokohama, concretamente en el centro del Grand Mall, una de las grandes avenidas que actúan como trazo axial del Minato Mirai 21 Center District (MM21). Con este nombre se conoce uno de los proyectos urbanísticos más ambiciosos de Yokohama, una especie de ciudad interior, con vocación internacional, que agrupa algunos de los espacios culturales más representativos de la urbe.

De esta manera, el parque se ha situado frente al Yokohama City Art Museum, convirtiéndose en centro neurálgico de esta zona cultural y definiendo el uso peatonal del Grand Mall. Con la creación de este nuevo espacio público, se han conseguido tres objetivos básicos: establecer un punto focalizador que recoja los trazos axiales del tejido urbanístico; proporcionar una nueva dimensión visual a la fachada del museo; y completar la red de espacios abiertos de uso colectivo del Minato Mirai 21 Center District, conformando un núcleo estratégico entre los parques de Nihonmaru y Rinko.

Desde el punto de vista de la planificación, el diseño del parque está fundamentado sobre cuatro criterios esenciales. El primero de estos puntos es el de la concepción simbólica del espacio. Como ya se ha mencionado con anterioridad, la pretensión de escenificar metafóricamente la imagen identificativa de la ciudad se ha materializado en la utilización de recursos como el agua, la vegetación y la iluminación. A partir de su uso, se intentan sugerir varias ideas: la amplia superficie del mar, un largo paseo arbolado y una pavimentación con motivos pictóricos que inviten a la reflexión. Todos estos contenidos narrativos se complementan entre sí para crear la deseada imagen unitaria que persigue el proyecto.

El segundo de los factores sobre los que se ha basado la intervención es el de proporcionar entidad física al parque por medio de la creación de diversos episodios geográficos. Para ello, el espacio central del parque se ha elevado tres metros sobre el nivel general de la calle. De esta manera es posible desarrollar un nuevo sentido de la percepción espacial, manipulada artificialmente mediante el diseño orográfico de suaves pendientes, desniveles y cascadas.

View of one of the park´s pavilions.   *Vista de uno de los pabellones del parque.*

Nighttime view of the park and the museum.   *Imagen nocturna del parque y del museo.*

Artificial channels wind across the park.

The drops and lawns define internal circulation.

Canales artificiales recorren sinuosamente el lugar.

Los desniveles y las superficies de césped organizan la circulación interior.

El tercer punto de la actuación tiene como referente la concepción escenográfica del lugar, que asume al mismo tiempo las funciones de escenario, plaza y jardín. Esta polivalencia está motivada por su situación privilegiada frente al museo: el espacio abierto debe complementar la oferta cultural del edificio, pudiendo acoger actividades artísticas u otro tipo de manifestaciones colectivas.

El último de los criterios que ha presidido la actuación se manifiesta en la intención de crear un parque entendido como lugar de disponibilidad pública y de ocio ciudadano. Todos los componentes del proyecto están encaminados en esa dirección, y tienen como objeto la definición de un espacio que invite al disfrute, al reposo o a la reflexión.

Entre los elementos más destacados de la proyección hay que citar dos pequeños pabellones circulares con estructura de emparrado, cuya pavimentación central presenta un elegante motivo estrellado. Los efectos de agua también forman parte esencial del diseño. Así, el conjunto de cascadas, canales, fuentes y surtidores configura un espacio de resonancias marítimas que se completa mediante un sugestivo recurso acústico: bajo el pavimento se han dispuesto varios mecanismos que recrean el sonido de las olas del mar. Por último, la espectacular planificación luminotécnica refuerza la concepción escenográfica del parque. Se han distribuido numerosos puntos de luz en las más variadas posiciones y con diversos juegos de intensidad, color y brillo: rasante, a manera de candilejas, para el suelo; focos indirectos para el arbolado; torres lumínicas con vocación de faro; e iluminación subacuática para los componentes de agua.

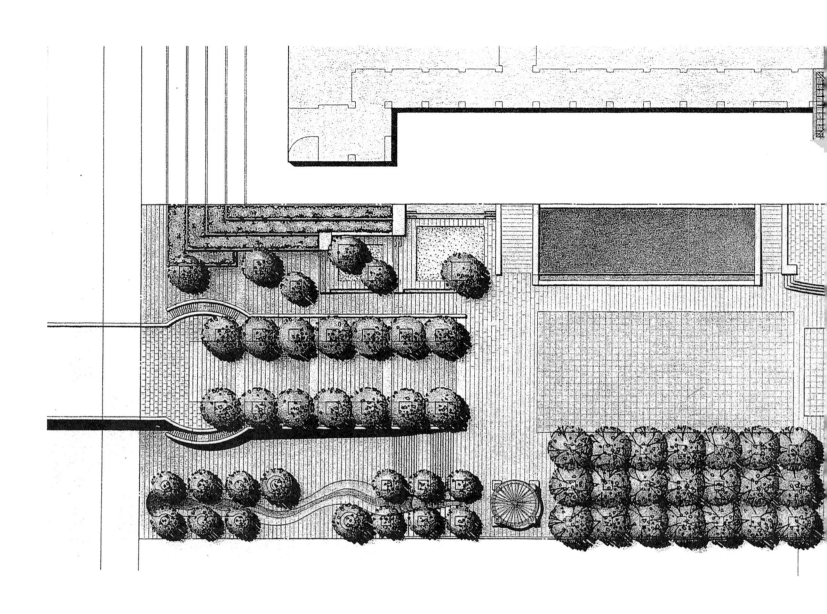

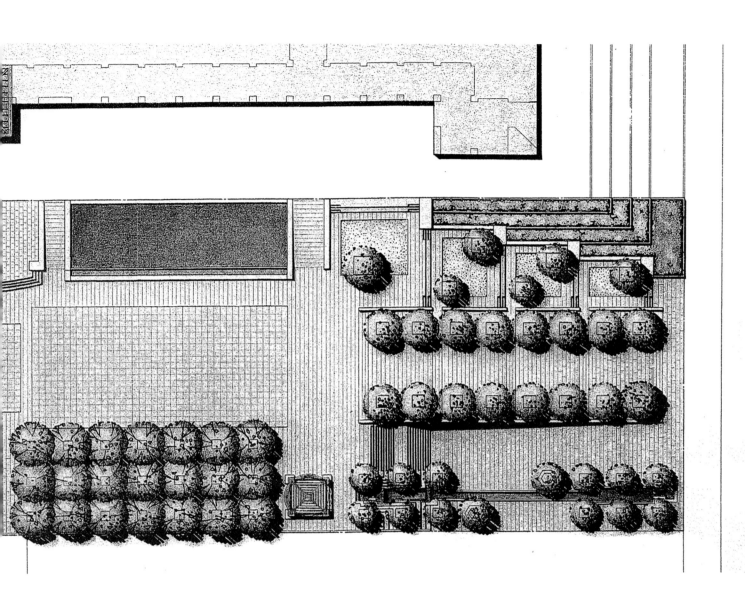

General ground plan of Grand Mall Park.   *Planta general del Grand Mall Park.*

68

Aerial view of Yamashita Park.

Vista aérea general del Parque Yamashita.

Yamashita Park

Sakakura Associates, Architects and Engineers

Location: Yokohama, Kanagawa Prefecture, Japan
Client/Promoter: Housing Bureau and Green Environment Administration Bureau, Yokohama City
Collaborators: Sowa Exterior Co., Ltd. (garden areas); Tokyo Kenchiku Structural Engineers (structural engineers); Sakurai Building Systems Consultants Co., Ltd. (mechanical engineers); Nishimatsu Construction Co., Ltd. (constructors)

The Yamashita Park Improvement, finished in 1989, occupies a site next to the port district of the Japanese city of Yokohama. It covers an area of 13,000 m², and is linked to the Doll Museum built by Sakakura Associates on its boundary in 1986. The municipal authorities´aim was to provide the area with a large car park and water pumping equipment, while allowing the area to be used as a public park.

Sakakura Associates was the team in charge of putting this project into practice. It might be said that the history of this prestigious studio, operating in Tokyo and Osaka, is like a survey of avant-garde architecture in Japan. Since its creation in Akesaka in 1940 this company of architects and engineers has had three directors, Junzo Sakakura, until 1968, Fumiraka Nishizawa, from 1969 to 1985, and Seizo Sakata, since 1985. Over 100 people work in Sakakura Associates, but the emphasis is on working as a team rather than as an impersonal organisation. Some representative works in Japan by this team include Kamakura Museum of Modern Art, International House of Japan (Tokyo), Hajima Municipal Offices (Gifu), West Square and parking facilities at Shirakura Residence (Tokyo), the Tokyo Salesian Boys Home and Don Bosco

Commemorative Chapel. In 1990 the MA Gallery organised an exhibition on «Seizo Sakata and Sakakura Associates.» One of the main themes of this studio´s work is a powerful feeling of Japanese identity, which has been present in Japan´s architectural production even since the international style arrived. The prizewinning Japanese Pavilion at the 1937 Paris Universal Exposition, an early work by Junzo Sakakura, is very representative of this.

The extension and improvement of Yamashita Park is located on top of a two-storey car park, 8m above the original ground level. The general idea behind the various elements holds great imaginative appeal; the park is conceived as a kind of theatre in which the vegetation represents the nearby Pacific Ocean, and visitors are like voyagers on a fantastic ocean. To create this effect there are three main entrances and a semicircular central plaza.

The first main access is a flight of steps directly connecting this new area with the original park. In the centre there is a waterfall fed by the fountain in the upper semicircular plaza; the water follows a bed filled with designs and patterns suggesting fish and other marine animals, inviting the passer-by to enter this special world. It is finished in fragments of ceramic, giving an effect reminiscent of the trencadís used in the stairs at the entrance of Parque Güell in Barcelona (1900-1914).

The second entrance, from Yamashita Park Street to the south, is through a variety of different types of stairs spaced along a wall hiding the steel and reinforced concrete structure of the car park. The theme that inspires this large element is the port. It is an enormous collage representing the port on a huge scale, returning to the original idea of a theatrical scenario. This is the reason behind the use of forms like an iron bridge, a crane or a large spiral staircase.

The third entrance, from the Yamashita Doll Museum to the south of the Park, is by crossing a pedestrian bridge over the street, then passing through a green tunnel of metal hoops which will eventually be covered by climbing plants. The central fountain in the semicircular plaza provides a visual focus from the tunnel. Finally, the theme of Compass Square, as its authors call the element at the heart of this project, is inspired by the sea-routes leading to the five continents; Africa, Europe, Asia, America and Oceania. The paving thus has images from each of these destinations. Six radial pathways symbolising these routes cross small steel bridges over a semicircular perimeter pond. Passing through the U-shaped wall that bounds the pond, one enters the garden area of the park. In the symbolism created by Sakakura Associates, the pond represents the sky, and the vegetation represents the sea.

Overall, the Yamashita Park Improvement, including the Doll Museum, can be considered an advanced example of a new type of cultural mix, international and full of references, both characteristic of contemporary Japan. An especially sensitive touch in the handling of detail makes this work unmistakably Japanese.

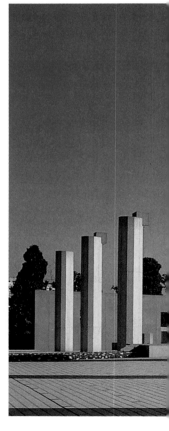

North American Route in Compass Square.

Steel bridge over semicircular pond.

Wall and pond around Compass Square.

The defining elements in the semicircular plaza.

Ruta de Norteamérica en la plaza de la Brújula.

Puente de acero sobre el estanque.

Muro y estanque que rodean la plaza de la Brújula.

Elementos definidores de la plaza semicircular.

El proyecto de mejora del Parque Yamashita, finalizado en 1989 junto al puerto de la ciudad japonesa de Yokohama, abarca una superficie total de 13 000 m² y queda vinculado al Museo de Muñecas construido en 1986 por Sakakura Asociados en sus aledaños. El objetivo perseguido por las autoridades municipales al plantear esta operación era dotar a la zona de un importante aparcamiento y de un equipo de bombeo de agua, al tiempo que se pudiera aprovechar la superficie del solar como parque público.

Sakakura Asociados ha sido el equipo encargado de llevar a cabo este proyecto. Podría afirmarse que la historia de este prestigioso estudio profesional, presente en Tokio y Osaka, es como un repaso por la arquitectura de vanguardia hecha en Japón. Desde 1940, año de su creación en Akasaka, tres han sido los directores de esta sociedad de arquitectos e ingenieros: Junzo Sakakura, hasta 1968; Fumiraka Nishizawa, de 1969 a 1985; y Seizo Sakata, desde 1985 hasta la actualidad. Hoy trabajan más de cien personas para Sakakura Asociados, pero se insiste en operar como un estudio más que como una organización impersonal. Algunos ejemplos emblemáticos de la obra de este equipo en Japón son el Museo de Arte Moderno de Kamakura; la Casa Internacional de Japón en Tokio; las oficinas municipales de Hajima en Gifu; la plaza Oeste y el aparcamiento de la estación de Shinjuku de Tokio; el Centro Integral de actividades al aire libre para jóvenes de Osaka; el complejo gimnástico metropolitano de Tokio; la residencia Shirakura de Tokio; el hogar salesiano para muchachos y la capilla conmemorativa de Don Bosco. En 1990 la galería MA celebró la exposición monográfica *Seizo Sakata y Sakakura Asociados*. Una de las principales corrientes latentes en la obra de este estudio es un poderoso sentimiento japonés, que pervive en la arquitectura producida en Japón desde la irrupción del estilo internacional —en este sentido, es significativo el premiado Pabellón

Waterfall that flows down the centre of the staircase.

Fountain with frog-fish in fragmented ceramic.

Front view of the main staircase to the different continents.

Cascada de agua que discurre por el mismo centro de la escalinata.

Fuente con la imagen de un pez-rana en cerámica fragmentada.

Vista frontal de la gran escalinata desde la fuente.

Japonés para la Exposición Universal de París de 1937, obra pionera de Junzo Sakakura. La ampliación y mejora del Parque Yamashita se sitúa sobre dos plantas de aparcamiento y a ocho metros sobre la cota del antiguo recinto. El concepto general en que se basa el diseño de sus diversos elementos apela a la imaginación: se concibe el parque como una especie de teatro en el que la vegetación representa al cercano océano Pacífico y sus visitantes son tratados como viajeros por este mar fantástico. Para componer esta imagen se recurre a tres accesos principales y a una plaza semicircular central.

El primer gran acceso es una escalinata que conecta directamente esta nueva zona con el parque existente, por su parte central desciende una cascada de agua proveniente de la fuente de la plaza semicircular superior. El cauce de este curso de agua está plagado de diseños y formas alusivos a peces y otros animales marinos, invitando al visitante a adentrarse en este particular mundo. En el revestimiento de este elemento se recurre a mosaicos compuestos a partir de fragmentos cerámicos, en una imagen que recuerda el *trencadís* empleado en la escalinata del barcelonés Parque Güell (1900 - 1914).

El acceso desde la calle del Parque Yamashita, al sur, se realiza mediante diversos tipos de escaleras engarzadas en una muralla que oculta la estructura en acero y hormigón armado del aparcamiento. El tema inspirador de este extenso elemento es el puerto marítimo. Se trata, en realidad, de un enorme *collage* que representa la imagen del puerto a gran escala, retomando la idea teatral inicial. De este modo se entiende la aparición de formas tales como un puente de hierro, una grúa, o una gran escalera de caracol.

En tercer lugar, para llegar desde el Museo de Muñecas de Yamashita, al sur del parque, se atraviesa, tras cruzar un puente peatonal sobre la calle, un túnel verde compuesto por arcos metálicos que en su día se verán cubiertos de enredaderas. Este túnel tiene como fondo perspectivo la fuente central de la plaza semicircular.

Por último, la Plaza de la Brújula, como denominan sus autores al elemento que constituye el núcleo de la intervención, tiene como motivo aglutinador las rutas marítimas hacia diferentes continentes: Asia, Europa, África, América y Oceanía. Así, el embaldosado del pavimento refleja imágenes de cada uno de estos destinos. Los caminos radiales, símbolos de las rutas, cruzan un estanque perimetral semicircular a través de pequeños puentes de acero. Atravesando el muro en forma de U que acompaña este estanque se sale a la zona ajardinada del parque. En el particular simbolismo ideado por Sakakura Asociados, el estanque representa el cielo y la vegetación, el mar.

Globalmente, el proyecto de mejora para el Parque Yamashita, incluido el Museo de Muñecas, puede ser considerado como ejemplo avanzado de una nueva clase de cultura, amalgamada, sin fronteras y con todo tipo de referencias, características que sin duda representan al Japón contemporáneo. Hay aquí una especial sensibilidad en la elaboración de los detalles que también convierten a esta obra en inconfundiblemente japonesa.

The green tunnel, one of the accesses to the square, will eventually be covered by climbing plants.

El túnel verde, uno de los accesos a la plaza, quedará en el futuro cubierto de enredaderas.

Access bridge seen from the car park.

Suspended staircase with the image of the cranes in the port.

El puente visto desde el aparcamiento.

Escalera suspendida con la imagen de las grúas de los cargueros.

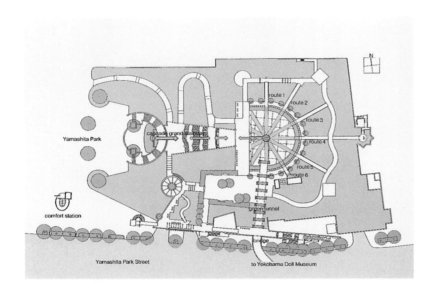

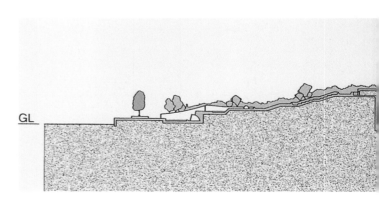

Ground plan of Yamashita Park.

Way into Yamashita Park from the street, by a spiral staircase.

General longitudinal section.

Planta general del Parque Yamashita.

Acceso desde la calle del Parque Yamashita por una escalera de caracol.

Sección longitudinal general.

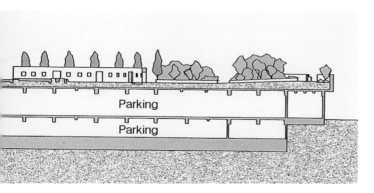

Parking

Parking

The square at dusk.

La plaza en el crepúsculo.

Neve Zedek Plaza
Shlomo Aronso

Location: Tel Aviv, Israel
Client/Promoter: Tel Aviv Foundation
Collaborators: Judy Green (landscape design), Elisha Rubin (architecture)

In this project, a new dance and theatre centre has been founded in two former school buildings. These have been renovated, and a public square has been created between them. The project forms part of the preservation scheme for the historical XIX - century district of Neve Zedek, the original centre of the modern city of Tel Aviv.

Shlomo Aronson (Haifa, 1936) studied landscape architecture in the United States, first at the University of California at Berkeley, and later at Harvard University, Cambridge. He worked for Lawrence Halprin and Associates, and later for the Architects Collaborative, as well as in the Architecture Department in the Greater London Council, and the Department of Engineering of Jerusalem City Council. He set up his own studio in Jerusalem in 1969, with his most important projects all in Israel, including the Mevasseret Zion New Town, the City of David Archaeological Area, the Jerusalem Promenades, the City of Eilat Master Plan and the conveyor belt transporting potash from the Dead Sea. Neve Zedek Plaza has received Israel's most important award for architecture, the Rechter Award. Aronson has developed the educational side of his work in the Bezalel Academy in Jerusalem, and has on numerous occasions given lectures and talks in various universities in North America and Germany.

Shlomo Aronson's office defines itself as specialising in being unspecialised. They prefer commissions where they can take full responsibility for the entire project from beginning to end, from regional planning to the last details of construction. Most of the schemes undertaken by his office are determined by this philosophy.

The scheme's first preliminary action was to remove the road and fence separating the two facing historical buildings. These facades are characterised by classic simplicity, typical of the style at the turn of the century at these latitudes, with much attention paid to proportion and detail.

The most important design decision was to divide this main 30x70m plaza into three sub-areas. The stone-paved central area is situated between the buildings, the entrances to which are flanked by two tall date palms. The other two areas consist of lemon groves defining the borders of the central part. The drainage channels of the lemon trees are laid out and interconnected to form a system of blue ceramic channels inset into the paving stones. The lemon trees form a continuous green crown broken only by the entrances to the square from the outside, marked by four date palms. There is a difference in level across the square which is corrected by two flights of steps providing access to the buildings. The steps leading to the dance centre are semicircular, allowing them to be used for small open-air performances and classes. Life is added to the square by the restaurant's terrace spread out over the pavement along one side, and frequented by the regular theatre-goers.

Citrus trees have been planted on grass behind the theatre building, thus creating a secondary square. While work was being carried out on the construction and gardens, an old well was discovered. It was decided to preserve it, and a stone-paved path was built diagonally across the plantation, passing by the restored well and ending at a large old eucalyptus tree. The scheme thus provides a set of outdoor spaces differing in size and use, making them particularly suitable for theatrical events and performances. Lemon trees were chosen as the site was originally surrounded by lemon groves.

A triptych depicting the site's founding fathers and the ups and downs of the neighbourhood has been built in ceramic tiles along the side wall of one of the buildings bordering the space. Apart from showing the history of the surroundings, the ceramic tiles add life and colour to the square.

Neve Zedek Plaza takes on a special character at dusk. The drama of the location has been accentuated by a system of surface illumination which highlights and emphasises the environmental design of the square. The facades of the buildings are lit up by beams of light from the flowerbeds. Light recesses in the stone railings light up the space, and the lemon trees are uplit from their water channels to provide reflected light in their surroundings, enhancing the natural rhythm of the groves. The groups of palm trees marking the entrances are complemented by pairs of lampposts in a delicate style reminiscent of the nineteenth century. They are set in stone-sculpted curls inspired by existing plaster motifs flanking the entrance to the theatre, at the end of the stone railing running through the square.

The success of Aronson's project for Neve Zedek Plaza lies in the simplicity and clarity of its spatial design, the ambience and coolness of the channelled water, and the shade of the citrus trees, all adding to the feeling of oasis near the centre of modern Tel Aviv.

Detail of drainage and water channels.

Detail of the water channels.

The flight of steps where small open-air performances are held.

Detail of the ceramic drainage.

Detalle de alcorque y canalillos de agua.

Detalle de los canalillos de agua.

Escalinata para pequeños actos al aire libre.

Detalle de alcorque.

El proyecto incluye la fundación de un nuevo centro de danza y de teatro mediante la renovación de dos viejos edificios escolares y la creación de una plaza pública situada entre ambos. La intervención forma parte del plan de saneamiento del barrio histórico del siglo XIX del mismo nombre, núcleo primitivo y origen de la moderna ciudad de Tel Aviv.

Shlomo Aronson (Haifa, 1936) cursa estudios de paisajismo en Estados Unidos en la Universidad de Berkeley (California) y posteriormente en la Universidad de Harvard (Cambridge). Trabaja para Lawrence Halprin and Associates, y más tarde para The Architects Collaborative, así como en el departamento de arquitectura del ayuntamiento del área metropolitana de Londres, y en el departamento de ingeniería de la municipalidad de Jerusalén. Funda su propio estudio en 1969 en esta misma ciudad. Entre sus proyectos más importantes se encuentran la ciudad nueva de Mevasseret Zion, el área arqueológica de la ciudad de David, el conjunto de los paseos de Jerusalén, el plan general de la ciudad de Eilat y la cinta transportadora de potasa del mar Muerto, todos ellos en Israel. La presente plaza de Neve Zedek ha sido distinguida con el galardón arquitectónico más destacado de Israel, el premio Rechter. Aronson ha desplegado su labor educativa en la Academia Bezalel en Jerusalén, y ha sido en numerosas ocasiones profesor invitado y conferenciante en diversas universidades norteamericanas y alemanas.

El estudio de Shlomo Aronson se define a sí mismo como especialista en no especializarse. Se prefieren los encargos en los que pueden asumir la responsabilidad completa de todo el proyecto, desde el principio hasta el final, desde la planificación regional hasta los últimos detalles de la construcción. Esta filosofía es determinante a la hora de llevar a cabo la mayoría de los proyectos de este despacho.

La primera actuación previa planificada consistió en eliminar la calle y la valla que separaba a ambas escuelas. De este modo se creó una plaza interior flanqueada por las fachadas enfrentadas de los dos edificios históricos. Ambos frentes están caracterizados por la simplicidad clásica, típica del estilo de finales de siglo en estas latitudes, y por la especial atención prestada a la proporción y al detalle.

La decisión del proyecto de mayor trascendencia fue la de dividir esta plaza principal de 30 x 70 m en tres subáreas. La parte central, pavimentada en piedra, es la situada entre los dos edificios cuyas entradas están flanqueadas por dos altas palmeras. Las dos zonas restantes consisten en sendas agrupaciones de limoneros que acaban de definir el contorno de la parte central. Los alcorques de los limoneros se trazan e interconectan entre sí por un sistema de canalillos cerámicos azules troquelados en el pavimento. Los limoneros forman una corona verde continua en la que se inscriben las entradas a la plaza desde el exterior, señaladas por cuatro palmeras datileras. La plaza tiene un desnivel en sentido transversal que se salva en dos escalinatas que dan acceso a los edificios, cuya disposición semicircular en el caso del centro de danza permite su uso para pequeñas representaciones y clases al aire libre. La plaza cobra vida a través de la terraza del restaurante que se escampa sobre el pavimento en un lateral de aquélla, frecuentado por personas asiduas a la escena.

En la parte posterior del edificio del teatro se proyectó una plantación de cítricos sobre césped, creando de esta manera una plaza secundaria. Durante los trabajos de construcción y ajardinamiento se descubrió un antiguo pozo que se decidió preservar. Se dispuso entonces un paseo pavimentado en piedra que atraviesa en diagonal la plantación, recupera a su paso el aljibe encontrado y muere en un gran eucalipto preexistente. El proyecto ofrece, por tanto, un conjunto de espacios exteriores de diversa entidad y condición que los hace especialmente adecuados para acontecimientos y representaciones teatrales. La elección de los limoneros viene condicionada por los huertos de este mismo árbol que rodeaban a estas construcciones en su origen.

En la pared lateral de uno de los edificios que delimita el espacio se ha alicatado un tríptico cerámico que representa a los padres fundadores del lugar y los avatares del nacimiento del vecindario. Además de recoger la historia del entorno, los azulejos cerámicos añaden vida y color a la plaza.

The ceramic triptych.

The side entrance is framed by four palm trees.

Aerial view of the paved square.

Aerial view of the location.

Tríptico cerámico.

El acceso lateral está indicado por cuatro palmeras.

Vista aérea de la plaza pavimentada.

Vista aérea del emplazamiento.

La plaza Neve Zedek adquiere un carácter especial a la hora del crepúsculo. Se ha acentuado el dramatismo del lugar con un sistema de iluminación de superficies que subraya y enfatiza el diseño ambiental de la
plaza. Así, las fachadas de los edificios reciben luz invertida desde el plano
de tierra de sus arriates. Los nichos de luz alojados en los pretiles de piedra balizan el espacio, del mismo modo que las copas de los limoneros,
iluminados desde sus alcorques, proporcionan luz reflejada en su entorno, acentuando el ritmo natural de la plantación. Los grupos de palmeras
se ven respaldados en su función de umbral por pares de farolas con un
fino diseño de reminiscencias decimonónicas. Las bases donde se asien-
tan son bucles esculpidos en piedra, inspirados en algunos motivos de
yeso existentes que flanqueaban la entrada del teatro, a donde van a
morir los pretiles que recorren la plaza.

El éxito del proyecto para la plaza de Neve Zedek de Aronson estri-
ba en la simplicidad y claridad del diseño espacial, la atmósfera de fres-
cor del agua canalizada y la sombra de los limoneros, que llega a recrear
realmente una sensación de oasis cerca del centro del moderno Tel Aviv.

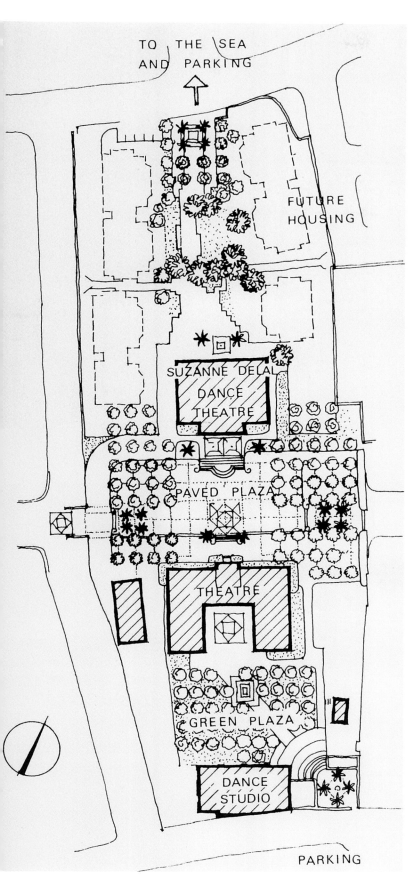

TO THE SEA
AND PARKING

FUTURE
HOUSING

SUZANNE DELAL
DANCE
THEATRE

PAVED PLAZA

THEATRE

GREEN PLAZA

DANCE
STUDIO

PARKING

The citrus *trees planted in grass.*   *La plantación de cítricos sobre césped.*

Plan of the area.   *Plano de situación.*

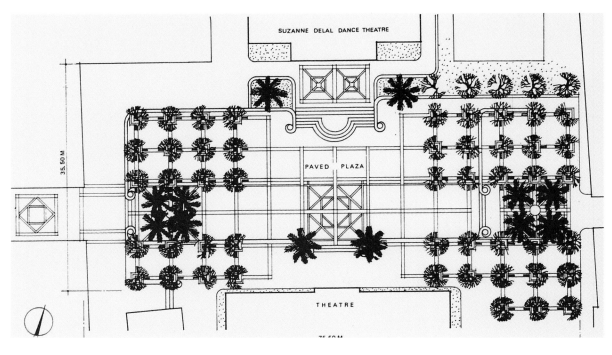

SUZANNE DELAL DANCE THEATRE

35.50 M

PAVED PLAZA

THEATRE

Site plan.

View of theatre building at dusk.

Plano del emplazamiento.

Vista crepuscular del edificio del teatro.

The stream following its natural course.

El arroyo en su trayecto natural.

Nanasawa Forest Park

Tokyo Landscape Architects

Location: Atsugi-shi, Kanagawa Pref, Japan
Client/Promoter. Kanagawa Prefectural Government

This large park covers more than 64.6 ha and is an example of the large-scale projects carried out by public bodies in Japan that try to improve the quality of urban life at the same time as trying to limit the growth of the city. Furthermore, the project's philosophy should be understood from the perspective of the characteristic Japanese respect and love for unspoilt nature and the exuberant woodlands of the islands.

The studio responsible for this scheme, Tokyo Landscape Architects, is a group founded in 1968 and specialised in environmental study, research and engineering, urban and regional planning, project design and supervision, as well as the maintenance and administration of natural, recreational and play areas. Haruto Kobayashi (Matsumoto, Japan, 1937) presides over this interdisciplinary group of professionals. Kobayashi studied at the Agricultural University of Tokyo, qualifying as a landscape architect in 1961. From 1963 to 1968 he worked in the Civil Engineering Division of the Niigata Prefectural Government. Between 1968 and 1972 he was manager of the Environmental Planning Department of Tokyo Consultants. Since 1972 he has been President of Tokyo Landscape Architects, a position he combines with other management positions and consultancy work for other companies. Among his most important works are: the design of Marugame Civil Plaza; the development plan for the area around Kilimanjaro, in Tanzania; the general plan for the sports zone in the Prefectural Central Park, in the city of Akita; the landscape design of Jurng New Town in Singapore; the Soshu Island Botanical Garden; and the Master Design for the Yokohama Exposition. He has received several awards for his works as a whole, including the Institutional and Shimoyama Prizes of the Japanese Institute of Landscape Architects, and the Grand Prize of the Agricultural University of Tokyo, where he has been a lecturer since 1990. Haruto Kobayashi is also a member of several organisations and research centres related to landscape architecture and the preservation of nature, such as the International Federation of Landscape Consultants Association, of which he is President; the Japanese Landscape Association, where he is Executive Director; the Centre for Environmental Information, which he personally manages; and among his personal interests, he is a member of the Japanesse Association for the Preservation of Birds.

Nanasawa Forest Park is located in the west of Morinosato district in the city of Kanagawa. Its elongated outline stretches two km from south to north, running alongside the limit to building laid down in the town's development plan. The park's topography is characterised by a ridge of small hills and smaller hillocks. This relief gives the park its character and, together with the leafy woodland and dense vegetation, allows the creation of surprising spaces along the paths and walks. It also gives a nice view of the Mjorinosato district, with the Kamahura ad Enoshima districts stretching to the horizon.

The main wheeled access is on the east side of the scheme, in the form of a road that enters right into the green area. It used to go through the hills and lead to Morinosato. Tokyo Landscape Architecs considered it necessary to eliminate this traffic because it would have totally divided the park, and by doing so the scheme became more compact and coherent. Next to the entrance is Ohyama Plaza, with a picnic area for visitors. The path leading to the square runs parallel to a stream edged by large stones. The bed of the stream becomes more and more ordered, more constructed, until it reaches a pool with fountains. This collects the water and its overflow takes the form of a waterfall that is the square's symbolic threshold. The square's paving appears to fracture and disintegrate when it reaches the water's edge. Its regular appearance is due to the wish to impose a decidedly organic character on even the most built-up area of the project.

To the east of the main longitudinal path that forms its backbone is the park's most popular area; the Wanpaku-no Mori or forest for mischievous children. Its name makes it attractive to all those who identify with the idea of breaking rules that it suggests. This forest is full of wooden games and amusements and is very popular with younger children.

The walks in the park use stone, wood, and tree trunks along the footpaths in alternation with compacted earth. The shady paths run between rhodonendrons and ferns, changing when they cross the open landscape of the grass area on one hill, continuing between beds of white flowers, and entering another woodland of Japanese maple and oak.

Both the administration building and the exhibition house, which tells the popular stories related to the site, are located at the entrance to the park. This is an attempt to combine two themes that are often linked in Japan's rich folklore; traditional stories and the forest where they take place. The exhibition house is in accordance with the Japanese concept of habitat. The Japanese house is a building without external walls as such, unlike the solid house with thick walls that is normal in northern Europe. Here, the internal and the external world form a single whole. The building guarantees an interrelation between itself and nature, whether it is raining or sunny. This construction is just right for its purpose and location. At the same time it is also representative of the traditional Japanese relationship to nature, expressed in this park's intimate and contemplative design, in stark contrast to the frenzy of Japanese city life.

Stone is used to mark the water's edge.

A flight of steps edged by split tree trunks.

A path downwards edge with flowers.

Large area of grass on a billtop.

The scheme includes several rounded grassy bills.

La piedra se usa para delimitar las zonas de agua.

Escalinatas contenidas por troncos.

Sendero descendente cercado de flores.

Explanadas de césped coronan las lomas.

La intervención está jalonada por suaves colinas de césped.

Este gran parque de 64,6 ha se sitúa en la línea de las intervenciones a gran escala de los organismos públicos japoneses, que buscan mejorar las condiciones de vida urbana del país, al tiempo que sirven de límite al crecimiento de la ciudad. Además, la filosofía del proyecto se ha de entender bajo el prisma de la idiosincrasia japonesa, de amor y respeto a la naturaleza verde, boscosa y exuberante propia de las islas.

El despacho encargado de la realización del proyecto, Tokyo Landscape Architects, es un colectivo fundado en 1968 que se dedica al estudio, investigación e ingeniería medioambiental, a la planificación tanto regional como urbana, a la arquitectura y dirección de obras, así como al mantenimiento y administración de áreas naturales, lúdicas y recreativas. Haruto Kobayashi (Matsumoto, Japón, 1937) preside este grupo interdisciplinar de profesionales. Kobayashi cursó estudios en la Universidad Agrícola de Tokyo, licenciándose como arquitecto paisajista en el año 1961. Trabaja de 1963 a 1968 en, la División Civil de Ingeniería en el gobierno de la provincia de Niigata. Entre 1968 y 1972 ejerce de director del Departamento de Planificación Medioambiental de la compañía Tokyo Consultants. A partir de 1972 tiene el cargo de presidente de la empresa Tokyo Landscape Architects, cargo que compatibiliza con otras funciones directivas y de asesoramiento en empresas del mismo ramo. Entre sus obras más importantes destacan el diseño de la plaza cívica de Marugame: la planificación global para el desarrollo de la zona del Kilimanjaro, en Tanzania; el plan general para el polideportivo del Parque Central Provincial de la ciudad de Akita; el diseño paisajístico para la ciudad de Jurng New Town en Singapur; el Jardín Botánico Insular de Sosh y, por último, el plan general para la Exposición de Yokohama. Ha recibido diversos premios al conjunto de las aportaciones de sus obras, entre los que destacan el Premio Institucional y el Premio Shimoyama de la

The park is crossed by several paths.

The entire project is inspired by traditional Japanesse garden design.

Rest areas and rain shelters.

Detail of the leafy woodland.

Administration building.

El parque está surcado por senderos.

Todo el proyecto está inspirado en el ajardinamiento japonés tradicional.

Zonas de reposo y refugios contra la lluvia.

Detalle de la frondosa vegetación.

Edificio de administración.

Picnic area.

Exhibition house and other buildings.

Zona de pícnic.

Casa para exposiciones y otros edificios.

Asociación de Paisajistas Japoneses, y el premio de Excelencia de la Universidad Agrícola de Tokyo. Desde el año 1990 es conferenciante asiduo de la misma Universidad. Además, Haruto Kobayashi forma parte de diversas organizaciones y centros de investigación relacionados con el paisajismo y la preservación de la naturaleza, como son: la Federación Internacional de Paisajistas, donde ocupó el cargo de vicepresidente; la Asociación de Consultores de Paisajismo de Japón, de la que es presidente; la citada Asociación de Paisajistas Japoneses, donde ocupa un cargo directivo; el Centro Científico de Información Medioambiental, que dirige personalmente y, a título de curiosidad, se puede nombrar su compromiso activo en la Asociación Japonesa para la Preservación de las Aves, de la que es miembro.

El Parque Forestal de Nanasawa está situado al oeste del distrito de Morinosato en la ciudad de Kanagawa. Posee una forma alargada de dos kilómetros de longitud en dirección norte-sur, que acompaña a todo lo largo el límite de edificación establecido en la planificación urbanística de la ciudad. La topografía del parque se caracteriza por una cadena de colinas de pequeño tamaño y lomas de menor entidad. Este pequeño relieve dota de carácter propio al parque y permite, en combinación con los bosques frondosos y la tupida vegetación, explotar el factor sorpresa en los espacios que se van descubriendo a lo largo de las veredas y los caminos. Además, ofrece la oportunidad de contemplar un bello panorama urbano del distrito de Morinosato, con los distritos de Kamakura y Enoshima perdiéndose en el horizonte.

El acceso rodado principal se sitúa al este de la intervención, con una vía que se introduce dentro de la masa verde. Ésta atravesaba en otro tiempo la cadena de colinas y conectaba con el distrito de Morinosato. El grupo de Arquitectos Paisajistas de Tokyo estimó conveniente eliminar el tráfico que hubiera dividido drásticamente el parque, consiguiendo así un proyecto más compacto y coherente. Junto al acceso se encuentra la plaza Ohyama, con un área de pícnic para los visitantes. A la plaza se accede por un camino que discurre paralelo a una corriente de agua cercada de grandes piedras. El cauce del arroyo va adquiriendo una forma cada vez más ordenada, más construida, hasta llegar a un estanque con surtidores. Éste recoge el agua y la vierte por un rebosadero, creando un umbral simbólico hacia la plaza en forma de cascada. La plaza está pavimentada en granito y salpicada de alcorques al tresbolillo donde crecen, entre manchas de hierba, troncos de cerezos japoneses. El pavimento de la plaza parece fracturarse y descomponerse en contacto con la superficie del agua. El aspecto irregular que ofrece obedece a la voluntad de imprimir un carácter decididamente orgánico incluso en el área más urbanizada del proyecto.

En la parte este de la senda longitudinal que vertebra toda la intervención se ha alojado el sector del parque que en mayor medida ha contribuido a su popularidad: el Wanpakuno Mori o «Bosque para los niños traviesos». El nombre mismo ha servido de reclamo para todos los que se identifican con la carga de rebeldía y transgresión que tiene el adjetivo. Este bosque está poblado de un gran número de juegos y móviles infantiles construidos en madera para los más pequeños.

Las veredas del parque alternan los empedrados, la madera y los troncos que jalonan el camino con la simple tierra apisonada. Avanzan umbrías entre helechos y rododendros, se transforman para surcar el paisaje abierto del césped de una loma y acaban desfilando entre lechos de flores blancas, que conducen de nuevo al bosques de arce y roble japonés.

Tanto el edificio de administración como una casa para exposiciones, que recoge las historias populares del lugar, se ubican en las cercanías de la entrada del parque. Se trata así de combinar dos temas principales que a menudo van ligados en la rica mitología japonesa: los relatos tradicionales y los bosques que les sirven de marco de acción. El recinto para exposiciones recoge la filosofía japonesa de hábitat. La casa japonesa es un edificio sin paredes exteriores propiamente dichas, en contraposición a la casa bastión de gruesos muros propia del norte de Europa. Aquí, el mundo interior y el exterior forman una unidad. La edificación garantiza así una interrelación entre ella misma y la naturaleza, llueva o brille el sol. Nada más adecuado para el emplazamiento y la función de esta construcción. A su vez, nada más indicativo de la idea tradicional japonesa de relación con la naturaleza plasmada en el diseño de este parque, íntimo y contemplativo, frente a la vorágine de la vida urbana nipona.

Pool in Ohyama Square.

Waterfall from the stream, marking access to Ohyama Square.

Estanque de la plaza Ohyama.

Cascada del arroyo que marca el acceso a la plaza Ohyama.

View of the cloister arcades.

Vista de la arcada del claustro.

Parc del Valira
Luis Racionero

Location: Seu d'Urgell, Spain
Client/Promoter: Institut Català del Sòl
Collaborators: Javier Racionero

The city of Seu d'Urgell is an emblem of the foothills of the southern Pyrenees; as it is the seat of the local bishop it has a cathedral, a splendid XI century Romanesque construction, a symbol of the city's historical and architectural identity. The city opens out to its magnificent natural surroundings at the junction of the River Valira with the River Segre, one of the main tributaries of the Ebro. The riverbank forms a transition zone between the built-up area and the surrounding countryside, and this has made it into a space that has traditionally been open and public. The park known as Parc dels Enamorats (Lovers' Park), by the Castell Ciutat footbridge, was destroyed in a flood that deprived the population of its historic natural refuge.

To return this lost space to the city, the site was restructured on the basis of the same urban and landscaping criteria that have guided the entire project. On the one hand, the intention was to bring the park into the fabric of the city, not only in a physical and material sense, but also in more abstract and contemplative aspects of symbolism, construction or architecture. On the other hand, the site had to become a centre for people to use, emphasising its connection with its surroundings and its availability to the citizens.

Nobody could have understood the needs and latent potential of this space better than a local architect. Luis Racionero (Seu d'Urgell, 1940) is more widely known for his many literary works and as one of the leading lights of Spanish culture. He abandoned his brilliant career in town planning to devote himself to his intellectual activities. His academic training includes degrees in Economics and Industrial Engineering from the Escuela de Barcelona (1965) and prestigious foreign awards

(American.Field Service and Fulbright scholarship at Berkeley University). This period in the United States, until 1970, allowed him to study under such important figures as Spiro Kostoff, Leo Lowenthal, Carlo Cipolla, Richard Meler, and Donald Appleyard.

He obtained his master's in Urban Design in 1970 and his doctorate cum laude in 1973, confirming him as a leading professional, and he alternated teaching with work in his own urban development studio. Until he changed his career in 1976, Racionero had participated actively in some of the most important plans and studies of the 1970s, such as the New Cities Plan in the Amazon Basin, the Typology of the Communes of Algeria, the Spatial Structure of the Spanish City System, the Target Structure of the Barcelona Metropolitan Authority, the Action Strategy for Medium-Sized Spanish Cities, and The Territory in 1990.

The project under discussion was developed by Luis Racionero, in collaboration with his brother Javier, and was for a long strip of land, 230 m long by 42 m wide. This strip runs parallel to the river and is emphasised by the presence of a line of poplars dotted along the fishermen's path by the riverside. The planning process took physical and orographic factors into account as well as the need to recover the site's identifying values, both cultural (traditional symbolism) and natural (using plants suitable for the climate and landscape). Special attention was also paid to defining spaces for collective use, by including areas intended for strolling and meeting points, while bearing in mind the harsh climate of the area, characterised by cold, sunny winters.

The park is divided into three basic sections, articulated along a central axis dividing the park into two distinct areas. The southern end terminates in a sharp angle and the landform is used to create a secluded space that recovers the spirit of the former Lovers' Park. It is sheltered

The capitals show figures from contemporary mythology.

Detail of the carved capitals.

View of the fountain in the cloister.

Los capiteles reproducen figuras de la mitología actual.

Detalle de los capiteles escultóricos.

Primer plano de la fuente claustral.

The play of light and shade characterises the perimeter of the cloister.

El juego de luces y sombras caracteriza el perímetro del claustro.

View of the main construction from outside.

Vista desde el exterior de la construcción principal.

by a two-metre hedge and laid out using benches with Thoro type supports, and is planted with poplars.

The second architectural section crosses the axis, taking the form of a path in natural stone that cuts across the park and runs down to the river. This path starts at a 2.5-m-tall concrete wall fountain, and is paved in flagstones and has blue and white arabesque tiling. The third, and most distinctive, section of the Valira riverside is the element occupying the northern end, a closed space designed to shelter visitors from the area's harsh climate and closely modelled on the architecture of the cathedral's cloister, now closed to the public.

This method is backed by its historic and traditional use in the Pyrenees, and reveals itself as an ideal solution from a pragmatic, symbolic and meditative point of view. It was also designed to hold public cultural events, emphasising its function as a collective space. Prefabricated materials were used in its construction for reasons of cost, but the area's values were respected by using ochre and pink shades.

The internal arches and central fountain create the calm, placid atmosphere of cloistered spaces. The construction overlooks the river through the openings of a double arcade, so as not to obstruct the view of the landscape. Another interesting detail is the way some capitals have been carved with an image of the face of some of the main figures of contemporary mythology, whether scientists, artists, actors or football players.

To finish, it is necessary to mention the careful selection of plants suitable for the climatic conditions and landscape of the Pyrenees, both in terms of the trees (willows, poplars, plane trees and cypresses) and the shrubs (such as box hedging) which is emphasised by the traditional and historical nature of the project.

La Seu d'Urgell, una de las ciudades más representativas de la zona prepirenaica catalana, conocida por ser sede episcopal y por tener en su catedral románica del siglo XI su mayor signo de identidad histórica y arquitectónica, se abre hacia su magnífico entorno natural a través del río Valira en su confluencia con el Segre, uno de los principales afluentes del Ebro. La ribera fluvial constituye el espacio de transición entre el área urbanizada y el paisaje circundante, lo que la ha convertido, por tradición, en un espacio abierto de vocación ciudadana. El conocido antiguamente como Parc dels Enamorats, cercano a la pasarela de Castell Ciutat, fue destruido por una riada que privó a la población de su refugio natural.

Con la intención de devolver a la ciudad el espacio perdido, la reestructuración del lugar está planteada a partir de una serie de criterios urbanísticos y paisajísticos que han presidido toda la intervención: por una parte, enlazar el parque con el entramado del tejido urbano, pero no sólo desde un sentido físico y material, sino también en sus aspectos conceptuales más abstractos y espirituales, ya sean éstos tipológicos, tectónicos o paisajísticos; y, por otra, convertir el lugar en una zona para el disfrute colectivo, enfatizando su carácter dialogante con el entorno y de disponibilidad hacia el ciudadano.

Nadie más adecuado para entender las necesidades y el sentimiento latente de este espacio que un autor local. Luis Racionero (Seu d'Urgell, 1940), más conocido por su extensa obra literaria y por ser uno de los personajes más representativos de la cultura española, abandonó en 1976 su brillante carrera urbanística para dedicarse a la actividad intelectual. En su formación académica destacan las licenciaturas en Ciencias Económicas e Ingeniería Industrial por la Escuela de Barcelona (1965) y la concesión de algunas de las más prestigiosas becas (la American Field Service y la Fulbright, esta última en la Universidad de Berkeley). Su estancia en Estados Unidos, prolongada hasta 1970, le permite ampliar sus conocimientos en una serie de cursos bajo la tutela de figuras tan importantes como Spiro Kostoff, Leo Lowenthal, Carlo Cipolla, Richard Meier o Donald Appleyard.

El máster de Urbanismo en 1970 y el doctorado cum laude en Economía en 1973 con una tesis de urbanización y desarrollo, le consolidan como uno de los talentos más destacados en este ámbito, alternando al mismo tiempo la docencia con el trabajo en su propia consultoría urbanística. Antes del cambio de trayectoria profesional en 1976, Racionero había participado activamente en algunos de los planes y estudios más importantes de la década de los setenta, como el Plan de las Nuevas Ciudades en Amazonia, la Tipología de las Comunas de Argel, la Estructura Espacial del Sistema de Ciudades Español, la Estructura Meta del Área Metropolitana de Barcelona, la Estrategia de Actuación sobre las Ciudades Medias Españolas o El Territorio en 1990.

En el proyecto que aquí se analiza, realizado en colaboración con su hermano Javier, Luis Racionero se enfrentó a un terreno caracterizado por su linealidad, con una extensión de 230 x 42 m. Esta franja paralela al río estaba subrayada por la preexistencia de una hilera de álamos que punteaban el camino de pescadores situado en la orilla fluvial. En la planificación, además de los factores físicos y orográficos, se planteó la necesidad de recuperar los valores identificativos del lugar, tanto desde el punto de vista cultural (tradición tipológica) como del natural (selección de especies vegetales en consonancia con el marco climático y paisajístico). Asimismo, se puso especial énfasis en la definición de espacios adecuados al disfrute colectivo, con una distribución de áreas funcionales destinadas al paseo y a la relación, pero teniendo en cuenta los rigores climatológicos de la zona, caracterizada por inviernos fríos y soleados.

El parque está estructurado en tres episodios fundamentales, articulados en torno a un eje central que lo divide en dos sectores diferenciados. En el extremo sur, acabado en ángulo agudo, se ha aprovechado la morfología del terreno para crear un espacio íntimo que recupera el espíritu del desaparecido Parc dels Enamorats. Protegido por un seto de dos metros y ordenado mediante bancos con respaldo tipo Thoro, en este sector se ha escogido el chopo como vegetación característica.

El segundo de los momentos arquitectónicos está organizado en torno al mencionado eje, un camino en piedra natural que atraviesa transversalmente el parque en dirección al río. Este trazado axial parte de una fuente mural en hormigón de 2,5 m, con empedrado adoquín y alicatado en baldosas blancas y azules. Sin embargo, el episodio más representativo de la orilla del Valira es el que ocupa su vertiente septentrional, un espacio cerrado que ha sido concebido para proteger a los paseantes de los rigores climáticos de la zona y que está directamente inspirado en la arquitectura del claustro de la catedral románica, cerrado ahora a la disponibilidad pública.

Este recurso, avalado por la tradición histórica de la zona pirenaica, se revela como la solución ideal desde el punto de vista pragmático, tipológico y espiritual. Asimismo, ha sido planificado para albergar celebraciones culturales de carácter público, con lo que se subraya su funcionalidad colectiva. En su construcción se han utilizado materiales prefabricados por razones económicas, pero respetando los valores plásticos del lugar gracias a los cromatismos ocres y rosas.

Los arcos interiores y la fuente central recogen la atmósfera serena y tranquila del espacio claustral. No obstante, la construcción se abre hacia el río en una doble arcada para no obstaculizar la relación visual con el paisaje. Otro de los recursos más interesantes de este espacio es la resolución escultórica de algunos capiteles, en los que se ha perfilado el rostro de personajes fundamentales de la mitología contemporánea, ya sean científicos, artistas, actores o futbolistas.

Por último, hay que hacer mención a la calculada selección de especies vegetales en relación a la climatología y al paisaje pirenaico, tanto desde el punto de vista arbóreo (sauces, chopos, plátanos, cipreses) como del arbustivo (viña virgen, setos de boj), con lo cual se enfatiza el carácter de tradición histórica que preside todo el proyecto.

Cypresses are traditionally planted in religious spaces.

Los cipreses forman parte de la tradición vegetal de los espacios religiosos.

View of the entrance to the cloister.

Vista de la entrada al claustro.

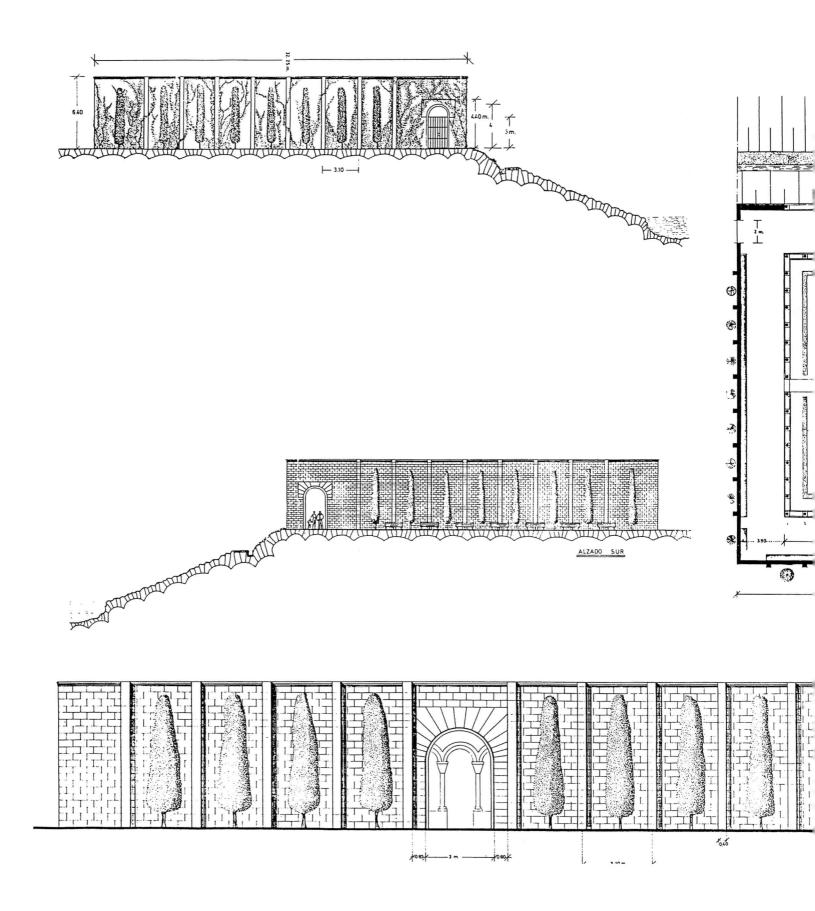

ALZADO SUR

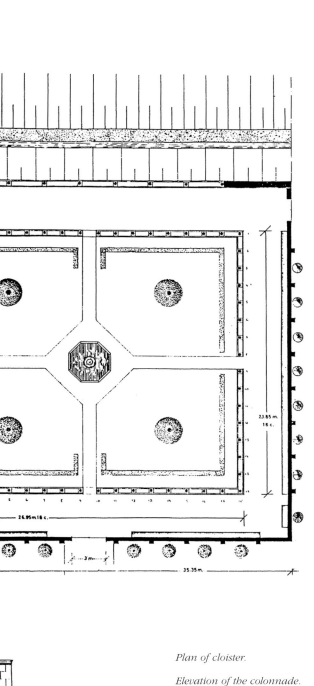

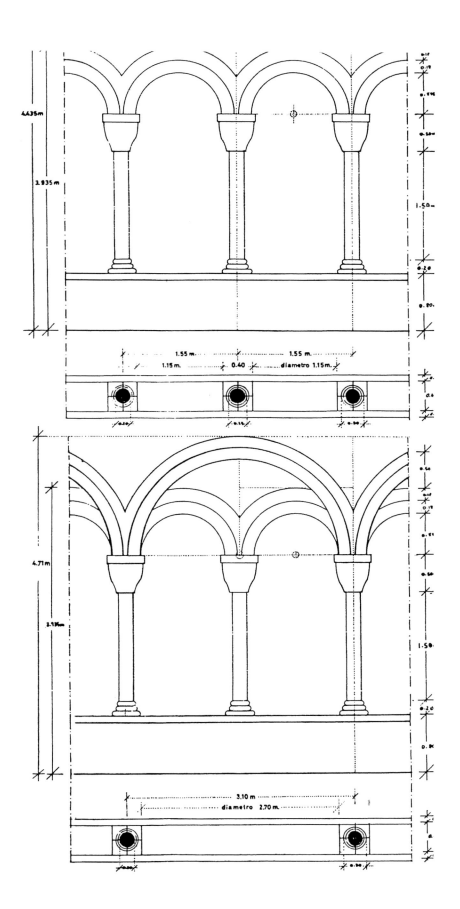

Plan of cloister.

Elevation of the colonnade.

Elevation.

Planta del claustro.

Alzado de la columnata.

Alzado.

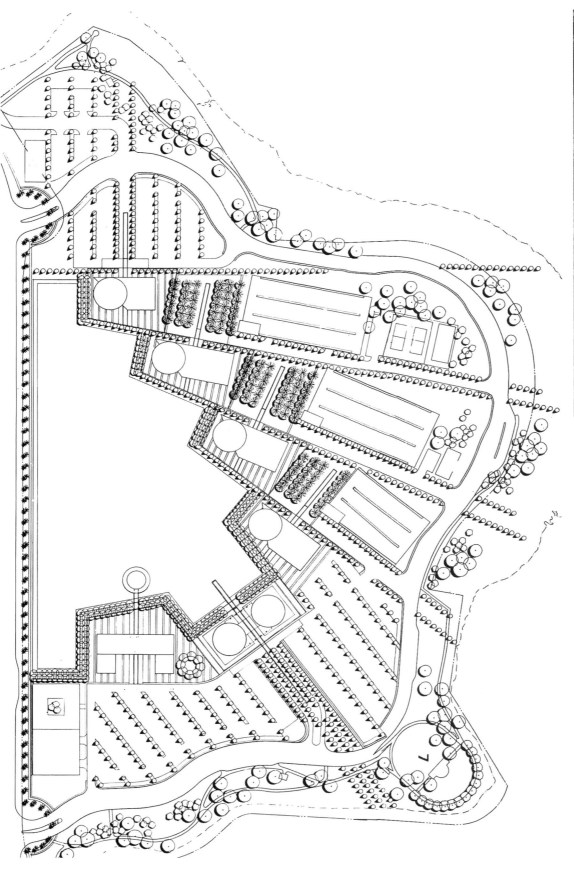

Centrum
Peter Walker & Partners

Location: Redwood City, California, USA
Client/Promoter: William Wilson and Assoc., The Oracle Corporation
Collaborators: Gensier and Associates (architecture)

Centrum is a complex of buildings with different functions, surrounded by open spaces, and sited on an artificial peninsula on the western shore of San Francisco Bay. It is a large-scale scheme that houses office buildings, cafés, a promenade, a park, gardens, an amphitheatre, a hotel, a recreational centre and a day-care centre as well as the necessary access and parking infrastructure.

Peter Walker (Pasadena, USA, 1932) studied landscape architecture at the University of California at Berkeley, while he was working as a draughtsman and designer at Lawrence Halprin and Associates. He later studied at the University of Illinois, combining this activity with that of teaching assistant. He graduated in 1957 from the Harvard University Graduate School of Design. Following this he formed part of Sasaki, Walker Associates (later the SWA Group) in Watertown, Massachusetts. In 1959 he opened a company branch in San Francisco. He worked with Martha Schwartz from 1983 to 1989, and in 1990 he opened his own studio, Peter Walker and Partners. During his professional career he has worked with artists and architects as famous as J.L. Sert, Eero Saarinen and Alexander Calder. Among his recent works are the Marina Linear Park, the Institute for Advanced Biomedical Research, and All Saints Square in Concord. Burnett Park in Fort Worth, the Tanner Fountain in Cambridge and the Solana Park for IBM in Westlake and Southlake are other works of his that have won the American Landscape Architects Association Award, and these are only a small sample of his achievements. He was an adjunct professor at Harvard Graduate School of Design, where he was acting director of the Urban Design Program for 1977, and where he continues to teach.

The artificial stones are used against different backgrounds.

Master plan.

Las piedras artificiales se dibujan sobre diferentes telones de fondo.

Plano general.

Before this plan was designed, there was a previous project to create a park surrounded by a ring road. An artificial lake to the south, from which lines of office buildings radiated, was to form the nerve centre of the peninsula. Before this plan was completed, the property was sold to William Wilson and Associates, and a new master plan was drawn up. The broad lines of Peter Walker's new design have been, to some extent, conditioned by the previous scheme.

The Centrum scheme in Redwood City includes two different systems; an urban core along the side of an artificial lake, and a rural fringe that runs along the muddy coast of the bay. The two are connected by a large park crossed by radiating avenues of poplars. These avenues shape the notched outline of the artificial lake and provide pedestrian access from the lakefront to the park, as well as vehicle access from the ring road to the buildings garages and parking lots. And most importantly, they also provide clear visual orientation in keeping with the scale of the project. The rest of the project is unified by means of sequences of promenades, gardens and plazas. The design of the office buildings and car parks was by the architects Gensler and Associates. The foundations of these buildings had to be constructed using very deep piling due to the low resistance of the soil.

The indented outline of the artificial lake is set against the canopies of the willow trees running along the lakefront promenade. At night the bollards along this willow walk turn into points of light reflected in the water. The open-air parking spaces are surrounded by Italian cypresses. The landscape elements, such as the curbs, stones, picnic tables, chairs, benches, dry stone walls and paths surfaced in decomposed granite are intended to shift as the ground gradually settles. Thousands of willow, poplar and Italian cypresses have been planted, due to their good growth even in damp, low-liying, saline soils.

The landscape becomes a stage where apparently contradictory functions, forms and expressions are reconciled. Pedestrians and vehicles share the same avenues. Sight lines are created, such as the one running along a double row of poplars with a band of iris, through a glass building to an unusual grass-covered pier jutting into the fake. The trees cross romantic parks. Each of the buildings is identified with its own exclusively designed garden. Architecture and landscaping fuse together; there is a dialogue between the two disciplines, the result of close collaboration between those responsible for the scheme.

Gardens using rock and stone make another appearance in Peter Walker's work, after the exceptional Tanner Fountain in Cambridge, Massachusetts. In this case they are not real stone, but glass fibre with a natural-look rough finish. Four hundred artificial stones are arranged in a grid, overlaying a raked gravel garden and moss bands. This creates a surprising contrast of effects that is always changing. At dusk, the stones glow with a jade green light and once night has fallen the impression created is of a field of emeralds. Another grid has been laid out with large artificial rocks rising among the tables and chairs of the terrace of a café. At night they glow with an incandescent light, giving them the appearance of red hot volcanic coals.

The natural materials used in the project - sand, stone, trees, water achieve grandeur due to the delicacy of the design concept. The artificial materials used, such as the glass fibre used for the stones, have an unreal, magic feeling and are halfway between the world of dreams and the ancient traditions of Japanese gardening. The Centrum project combines all these small details very well, in spite of its large scale, and this is its greatest merit.

Peter Walker has again shown his great creative ability and his remarkable sensitivity in designing spaces.

Centrum es un complejo de edificios de diversa función, rodeados de espacios abiertos, y situado en una península artificial en la costa oeste de la bahía de San Francisco. Se trata de una intervención de gran escala que pretende alojar edificios de oficinas, cafés, paseos, parques, jardines, un anfiteatro, un hotel, un centro recreativo, una guardería, así como la infraestructura necesaria para posibilitar un fácil acceso y aparcamiento.

Peter Walker (Pasadena, EE.UU., 1932) cursa estudios de paisajismo en la Universidad de California en Berkeley, al tiempo que toma contacto con el oficio desempeñando diversos cometidos en el estudio de Lawrence Halprin y Asociados. Amplía estudios en la Universidad de Illinois, a la vez que ejerce en la misma como profesor ayudante, y se licencia finalmente en 1957 por la Escuela Universitaria Graduada de Diseño de Harvard. Acto seguido pasa a formar parte de Sasaki, Walker Associates (posteriormente transformado en grupo SWA) en Watertown, Massachusetts. En 1959 funda una sucursal de la empresa en San Francisco. De 1983 a 1989 trabaja con Martha Schwartz y, a partir de 1990, establece su propio estudio: Peter Walker and Partners. Durante su vida profesional ha tenido ocasión de trabajar junto a profesionales del arte y de la arquitectura de la talla de Josep Lluís Sert, Eero Saarinen y Alexander Calder. De las últimas obras realizadas cabe destacar el parque lineal Marina, el Instituto de Investigación de Biomédica Avanzada y la plaza de Todos los Santos en Concord. El parque Burnett en Fort Worth, la fuente Tanner en Cambridge y el parque Solana para IBM en Westlake and Southlake son otras obras destacadas que han sido distinguidas con premios de la Asociación Americana de Paisajistas, galardones que representan tan sólo una muestra de las distinciones que ha atesorado por su labor. Ha colaborado como docente auxiliar en diversas ocasiones en la Escuela Universitaria Graduada de Diseño de Harvard antes de convertirse en titular del Departamento de Paisajismo en 1977.

Previamente a esta intervención, existía un proyecto anterior que proponía la creación de un parque rodeado por una vía costera de circunvalación. Un lago artificial ubicado al sur se constituía en el centro neurálgico de la península y de él nacían líneas de edificios de oficinas dispuestos en forma radial. Antes de que se materializara dicho plan, la propiedad fue vendida a William Wilson Associates, procediéndose a la realización de un nuevo proyecto. Las líneas directrices de este nuevo diseño de Peter Walker han estado hasta cierto punto condicionadas por el primero.

El proyecto Centrum en Redwood City gravita en torno a dos sistemas diferentes: un centro urbano en torno al lago artificial y una franja de carácter rural a lo largo de la costa cenagosa de la bahía. La conexión entre

The avenues of poplars define the composition.

The large rocks appear to glow.

The landing stage with its grass covering.

Contrast between the Japanesse gravel garden and the moss lawn.

The artificial stones glowing at night.

Las avenidas de chopos ordenan la composición.

Las grandes rocas se muestran en aparente incandescencia.

El embarcadero con su alfombra de césped.

Contraste entre el jardín japonés de gravilla y el manto de musgo.

Las piedras artificiales iluminadas en la oscuridad.

ellos tiene lugar mediante un gran parque surcado por avenidas de chopos dispuestas en abanico. Estas avenidas determinan el perfil escalonado del lago artificial; albergan el acceso peatonal desde el parque hasta dicho lago; proveen de acceso motorizado desde la vía de circunvalación a los aparcamientos y garajes de los edificios y, lo que es más importante, proporcionan una clara orientación visual, acorde con la escala de la intervención. El resto del proyecto se unifica por medio de secuencias jerárquicas de paseos, jardines y plazas. El diseño de los edificios de oficinas y aparcamientos ha correspondido a los arquitectos Gensler and Associates. La cimentación de estas construcciones ha debido realizarse mediante un pilotaje de gran profundidad debido a la poca resistencia del terreno.

El frente recortado del lago artificial se enmarca bajo las copas de los sauces que discurren a lo largo del paseo marítimo. Los norayes de este recorrido se convierten en puntos de luz nocturnos que se reflejan en el agua. Los aparcamientos al aire libre se disponen rodeados de cipreses italianos. Todos los elementos paisajísticos: encintados, piedras, mesas de píc-nic, asientos, bancos, muros aparejados en seco y senderos de guijarros de granito se adaptan perfectamente a los cambios de nivel del terreno. Se han plantado millares de ejemplares de sauces, chopos y cipreses italianos, especies conocidas por su gran capacidad de desarrollo incluso en terrenos bajos, húmedos y salinos.

El paisaje se convierte en el escenario donde funciones, formas y expresiones aparentemente opuestas se reconcilian entre sí. Los peatones y los vehículos comparten las mismas avenidas. Se crean perspectivas como aquellas que jalonan unas hileras dobles de chopos y definen las plantaciones lineales de lirios, que acaban penetrando y atravesando un edificio de cristal, para desembocar en un curioso embarcadero cubierto de césped que se adentra en el lago. Las avenidas discurren entre parques de corte romántico. Cada uno de los edificios se identifica con un jardín propio de diseño exclusivo. La arquitectura y el paisajismo se interpenetran, existe un diálogo pacífico entre ambas disciplinas, fruto de la estrecha colaboración entre los responsables del proyecto.

Los jardines de piedras y rocas vuelven a hacer su aparición en la obra de Peter Walker tras su excepcional aparición en la Fuente Tanner en Cambridge (Massachusetts). En este caso no son auténticas, sino que están hechas de fibra de vidrio con un acabado tosco que imita la naturaleza. Se ha dispuesto en cuadrícula un conjunto de cuatrocientas de estas piedras artificiales, a caballo entre un jardín de grava rastrillada y un manto de musgo. De esta forma se crea un contraste de efectos siempre sorprendentes. Al atardecer, estas piedras irradian una luz color verde jade, y en plena oscuridad se asemejan a un campo de esmeraldas. Se ha plantado otra cuadrícula de grandes rocas artificiales que surgen entre las mesas y los asientos de la terraza de un café. De noche adquieren una luz de aspecto incandescente que les confiere un aspecto de brasas volcánicas.

Los materiales naturales utilizados en la ejecución, como arena, piedras, árboles y agua, adquieren grandeza gracias a la delicadeza con que está concebido el diseño. Los materiales artificiales, como la fibra de vidrio usada en la confección de las piedras, desprenden un carácter mágico e irreal, y se sitúan en un punto intermedio entre el mundo onírico y la antigua tradición de los jardines japoneses. El proyecto Centrum acierta a conjugar todos estos pequeños factores pese a la gran escala de la intervención, y es en este punto donde radica su mayor mérito. Peter Walker ha demostrado una vez más su gran capacidad creativa y su extrema sensibilidad a la hora de diseñar espacios.

The peninsula is surrounded by water.   *El agua rodea la península.*

The different buildings at the head of the sectors defined in the plan.   *Los diversos edificios encabezan sectores resultantes de la ordenación.*

Access to the artificial lake from the pier between two buildings.   *Acceso al lago artificial del embarcadero entre dos edificios.*

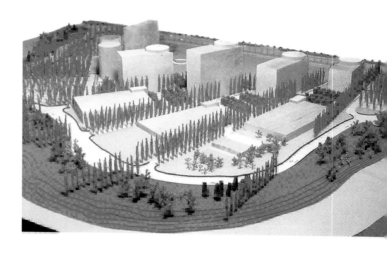

View of the pond.

Vista de la charca.

Motto Grande Quarry Park
Paolo L. Bürgi

Location: Camorino, Switzerland
Client/promoter: Municipality of Camorino

This park was created to meet the urgent needs of the canton authorities to reforest an artificial plain on the site of a former quarry for moraine material. The eyesore on the landscape had to disappear as quickly as possible to silence the voices of protest from ecologists and ease the local authority's bad conscience.

The author of the project, Paolo Bürgi (Muralto e Camorii, Switzerland, 1947), obtained his diploma in landscape architecture from the Rapperswil School of Engineering in Switzerland in 1975. He travelled around various countries for a year, during which he met Luis Barragán, before founding his own studio in Camorino in 1976. He was a committee member of the Swiss Federation of Landscape Architects from 1986 to 1991.

Most of his work is centred around landscaping and designing external spaces that refer to their architectural contexts. His major projects include the National Sports Centre in Tenero and the Motto Grande Park in Camorino, which earned him the Aspan Award, as well as a range of public and private gardens. He has taken part in national and international competitions with designs like Sisikon 700, for which he won first prize; the Sierre, which won second prize and is currently under construction; and his proposal for the Botanical Gardens in Geneva, which also won a second prize. He has given conferences and has published articles in Switzerland and abroad.

The park is located in a small outlying district of the city of Camorino, in a mountain valley once filled by a glacier bearing moraine. The project is based on the concept of reinterpreting the features of the preexisting natural surroundings that had been modified by human intervention.

The park follows the tapered shape of the former quarry. The longest axis runs 170 m from east to west, and its broadest axis runs 50 m from north to south. It covers an area of approximately 0.75 ha, although it does not have any clearly defined boundaries and its borders merge with the surrounding relief.

The first step consisted of installing drainage pipes on the slopes surrounding the park. These pipes collect water and direct it to a conduit. This wooden conduit is crudely supported with tree trunks, creating a rustic feature which blends perfectly with the natural landscape, although it is clearly an added feature as it stands out above the vegetation. The water is channelled to a waterfall. Paolo Bürgi, in this simple human intervention in the natural landscape, is making a visual reference to a print by the Japanese artist Hokusai. Hokusai made a large number of prints in the second hall of the last century, and was a source of inspiration for the XIX century European interest in Japan that influenced many excellent works of avant-garde art. The design refers to a print showing a group of surprised travellers who have stopped to look at a remarkable feature that is alien to the landscape. The strange conduit emerging from the ground aims to play a similar surprising role in this park.

The channelled water creates a small swampy area where water plants grow, including rushes, reeds and water lilies, establishing the necessary conditions for a small natural ecosystem at the eastern end of the park. Wildlife in this corner reaches a peak in summer, when the pond area teems with birds, amphibians, reptiles and insects.

The project was based on an imaginary sloping grid with trees planted at some of the intersections. This randomness within order underlies the project as a whole and creates a natural appearance that is, however, due to the application of rules. These internal rules can be sensed intuitively, but they are clearly seen when one mover across the area; what appeared to be a spontaneous woodland suddenly reveals the arrangement of the trees in ranks and Piles - and taking a few more steps causes the effect to disappear.

These trees open up to create a central clearing where the most remarkable feature of the project is located. Lombardy poplars have been planted around the circumference of a large circular space 30 m in diameter. This area is designed to be a play area, to encourage contact with the surroundings, with oneself, and for meditation and reflection. When the sun is high in the sky it shines into this ceremonial, astronomical, magic circle. It is reminiscent of the ancient pagan ritual sites of Neolithic Europe, where the circle marks the turning of the stars and symbolises the music of the spheres, the circle that reveals the solstice, the circle of initiates .... The Lombardy poplar tree serves as the gnomon of a sundial for the measurement of time, the time that destroys everything, the time that will decide the final form of the Cantera de Motto Grande Park. «Nothing we do is eternal and indisputable.» The project's author, Paolo L. Bürgi, has also written: «our actions are only attempts to approach poetry.»

In winter, the whole park changes appearance under a white blanket of snow. The trees and shrubs lose their leaves, the pond freezes over and is covered in snow; the land freezes and the grass dies back. The waterfall is suspended in thin air. Everything appears to be waiting; Demeter will not permit the seed to germinate until her daughter Persephone returns from Hades. The layout and language of the ele-

Detail of the exuberant water plants.

View of the frozen pond in winter.

The symbolic circle of poplars.

The landscape is bare in winter.

Aspecto de la exuberante vegetación.

Vista de la charca congelada en invierno.

El círculo simbólico de álamos.

En invierno el paisaje se desnuda.

The conduit empties into the pond.

The water in the conduit freezes in the winter months.

Desembocadura del caño a la charca.

El agua del caño queda convertida en hielo durante los meses de invierno.

ments in this park talk to us in ancestral and mythological terms. Nature is everywhere, changing with the seasons and changing with the symbols that are references to nature. The circle, the hidden grid and its latent order are the keys to understanding this natural area that is not so natural as it seems.

Paolo Bürgi's design for this park did not only include its functional side. The functional aspects satisfy our requirements and needs and fulfil their purpose. There is, however, more to this park than the merely functional; there are spiritual, psychological and less serious features that the architect has included in his design with great success.

Este parque nace de la necesidad urgente que tenían las autoridades cantonales de la zona de reforestar una llanura artificial, una cantera de excavaciones de material morrénico. La herida creada en el paisaje debía desaparecer en el menor plazo de tiempo posible para acallar las voces de protesta de los ecologistas y la mala conciencia de las autoridades del lugar.

El autor de la intervención, Paolo Bürgi (Muralto e Camorino, Suiza, 1947), estudió arquitectura paisajística en la Escuela de Ingeniería de Rapperswil en Suiza, obteniendo el diploma en el año 1975. Viaja por diferentes países por espacio de un año, durante el cual tiene la oportunidad de conocer a Luis Barragán, antes de fundar un estudio propio en 1976 en la ciudad de Camorino. De 1986 a 1991 ha sido miembro del Comité de la Federación Suiza de Arquitectos Paisajistas.

Su actividad central gira en torno al paisajismo y al diseño de espacios exteriores referidos a la arquitectura. De sus obras cabe destacar el Centro Deportivo Nacional en Tenero y el Parque Motto Grande en Camorino —que le valió el premio Aspan— entre otros diversos jardines públicos y privados. Ha participado en concursos nacionales e internacionales con proyectos entre los que se cuentan el Sisikon 700, donde obtuvo el primer premio; el Sierre, que mereció un segundo premio y se encuentra actualmente en ejecución; y su propuesta para el Jardín Botánico de Ginebra que se vió galardonada también con el segundo premio. Ha dictado conferencias y publicado artículos tanto en Suiza como en otros países.

El parque está situado en un pequeño municipio en la periferia de la ciudad de Camorino. El terreno se encuentra enclavado entre montañas, en un antiguo valle por el que se deslizaban las morrenas de un glaciar. Es un proyecto que parte del concepto de reinterpretación de los valores del entorno natural preexistente que habían sido modificados por la intervención humana.

El parque adopta una forma ahusada que hereda de la antigua explotación de la cantera. Tiene una longitud máxima de 170 m en dirección este-oeste y una anchura máxima de 50 m en dirección norte-sur. Su superficie aproximada es de 0,75 ha, si bien no tiene delimitado de forma clara límite alguno. Los lindes del parque se desdibujan en el relieve circundante.

La primera intervención en el lugar consistió en instalar tubos de drenaje en torno a las pendientes que circundan el parque. Estos tubos recogen el agua y la encauzan hacia un caño. Este canal, construido en madera y toscamente apuntalado con troncos, ofrece un aspecto rústico que se integra perfectamente en el paisaje natural, sin renunciar a ser por ello una presencia ajena que sobresale de la vegetación. El agua se convierte, al derramarse, en cascada lúdica. Paolo Bürgi ha querido citar con esta sencilla intervención humana en el paisaje natural una estampa del artista japonés Hokusai, el cual realizó un gran número de estampas en la segunda mitad del siglo XIX y fue fuente de inspiración para el japonismo europeo decimonónico que tantos frutos de vanguardia llegaría a producir. La estampa a la que hace referencia el proyecto describe a un grupo de transeúntes que se detienen entre sorprendidos y divertidos frente a una presencia fuerte y ajena al entorno. Esta extraña canalización que surge de la tierra pretende ser esa presencia destacada en el ámbito del parque.

El agua que aporta el canal al parque crea una pequeña zona empantanada donde crece un tipo de vegetación acuática de juncos, cañaverales y nenúfares, estableciendo las condiciones necesarias para la creación de un pequeño ecosistema en el extremo este del parque en cuestión. La vida en este rincón llega a su apogeo durante el verano, cuando la fauna formada por aves, anfibios, reptiles e insectos puebla el entorno de la charca.

El proyecto ha partido de una cuadrícula inclinada imaginaria, en algunos de cuyos cruces se han plantado árboles. Este azar ordenado caracteriza todo el proyecto y le confiere ese aspecto natural que, sin embargo, está sometido a unas leyes internas. Estas leyes internas se intuyen y descubren al atravesar el lugar, cuando de súbito, allí donde crecía espontáneamente la floresta, van apareciendo y desapareciendo troncos alineados, hileras enteras de árboles que guardan fila.

Estas agrupaciones de árboles se abren para crear un calvero central donde tiene lugar la actuación de mayor interés. Se ha plantado un conjunto de álamos italianos delimitando una gran circunferencia de 30 m de diámetro. Este área se concibe como lugar de juego, punto de encuentro con el entorno, y con uno mismo, de meditación, de reflexión. La luz del sol entra cenitalmente en este círculo ceremonial, mágico, astronómico, que parece extraído de los viejos ritos paganos de la Europa del Neolítico. El círculo como símbolo del giro de los astros y de la música de las esferas, el círculo revelador de solsticios, el círculo cenáculo de iniciados... El álamo como gnomon de un reloj de sol de un tiempo recobrado, tiempo que todo lo somete, y tiempo que decidirá a la postre el diseño final del parque Cantera de Motto Grande. «Nada de lo que hacemos es eterno e incontrovertible.» El mismo autor del proyecto, Paolo L. Bürgi, ha escrito también: «nuestras intervenciones son sólo intentos de acercarnos a la poesía».

En invierno todo el parque cambia de faz y se tiñe de blanco. Los árboles pierden las hojas, los arbustos se secan, la charca se congela y se cubre de una pátina de nieve; la tierra se hiela y estrangula la hierba que de ella nace. La cascada de agua queda suspendida en el aire. Todo parece detenerse a la espera de que Hades devuelva a Perséfone a su madre Deméter, y ésta permita finalmente que los campos germinen. Porque la disposición y el lenguaje de los elementos de este parque nos hablan en términos ancestrales y mitológicos. La inmanencia de la naturaleza, que se transmuta a través de las estaciones, discurre paralela con la inmanencia del significado de los símbolos que la conjuran. El círculo, la cuadrícula oculta, el orden latente, son los arcanos que permiten descifrar un entorno natural que no lo es tanto.

View of the central esplanade.

The trees lose their leaves in the winter season.

Vista de la explanada central.

Los arbustos acuáticos quedan secos en la estación invernal.

View of the conduit leading to the pond. *Vista del caño enfilado hacia la charca.*

Paolo Bürgi ha planteado el proyecto de este parque, no sólo desde el punto de vista funcional. Lo funcional se adapta seguramente a la normativa, se acomoda de forma que satisfaga nuestras necesidades, y cumple su cometido. Pero existen otros contenidos además del estrictamente funcional, otras dimensiones que atañen al espíritu, a la psicología, a lo irracional, dimensiones que el autor ha sabido trasladar a su diseño con gran acierto.

The pond is a habitat for many water plants.

La charca sirve de hábitat a una abundante flora acuática.

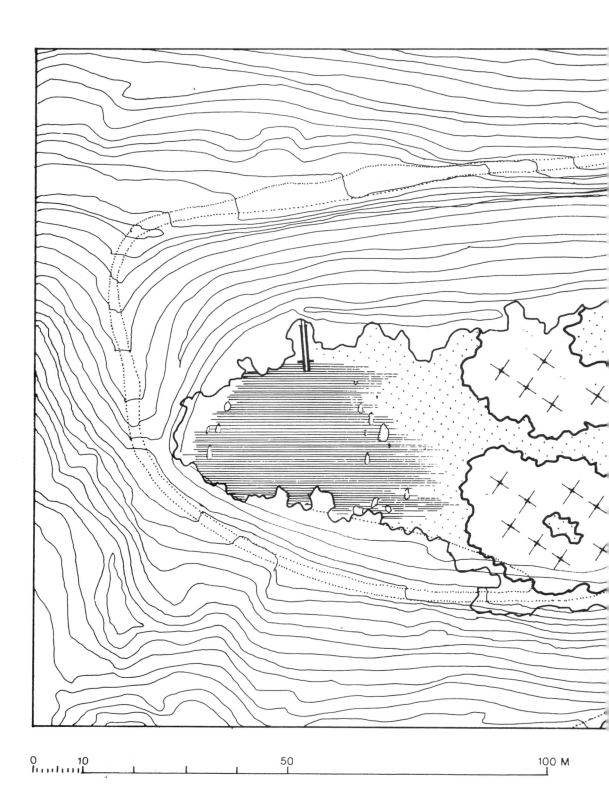

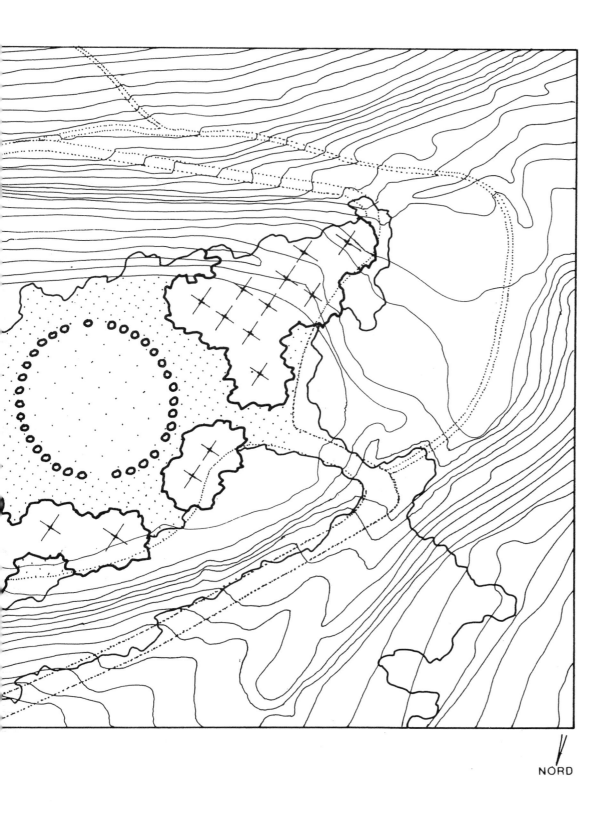

NORD

General plan of the park.   Plano general del parque.

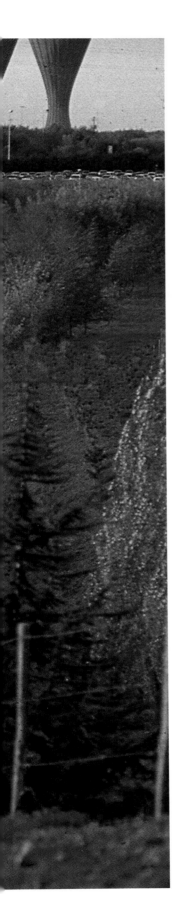

Panoramic view of Parc du Sausset, with the three water towers as major points of reference.

Perspectiva del Parc du Sausset, con las tres torres de agua como importantes elementos de referencia.

Parc du Sausset

Claire Corajoud, Michel Corajoud and Jacques Coulon

Location: Aulnay-Villepinte, France
Client/Promoter: Département of Seine-Saint-Denis
Collaborators: Edith Giraud, Pierre Gangnet (architects): Pascal Mourgue, Patrice Hardy (designers), Bernard Rousseau (sculptor); Tristan Pauly, Claude Ginaudeau. Pierre Donadieu, Marc Rumelhart, Jean Baptiste Page (engineers), Sylvie Sandjian (architectural models); M. Villette, J. Naudet (plantings); M. Ripaud (closures)

Sausset Park is the result of a competition for ideas the Départament of Seine-Saint-Denis held in 1979 to create a park for the Départment. The 200-ha site was located on the edge of the Aulany-Villepinte housing area on the northeastern fringes of Paris. The site lies to the west of the immense agricultural plain of the Plaine de France, and was formerly used for the cultivation of cereals. The site's outstanding features are two streams, the Sausset and the Roideau, which now form two off the most important features in the park's design.

Michel and Claire Corajoud have worked together since 1975 and both teach at the Higher National School of Landscape in Versalles, as does Jacques Coulon, the third member of the team responsible for landscaping the park. All three studied at the Higher National School of Decorative Arts in Paris, Michel Corajoud obtained his diploma from the French Ministry of Agriculture and has published texts in several magazines and books. He has also undertaken specific research for several ministries in Frances, as well as participating in international conferences. Claire Corajoud has collaborated with the National Centre for Research and Study of Landscape (CNERP). They have both undertaken many projects in France and they have also performed research for African countries, such as Zaire, Congo and Burundi. Jacques Coulon completed his studies at the higher national schools of Fine Arts and Horticulture, in Etienne Martin's sculpture workshop and in Rome.

When they considered the design of the Parc du Sausset, the architects realised that the site's unity and its continuity with the riverside housing developments had been brutally disrupted by the infrastructure elements introduced into the area; main roads, motorways, roundabouts and railway lines. For these reasons they decided that the most important thing to do was to restore the site to its overall human and physical environment. What had to be done was not merely to improve user access by means of walkways and other methods, but to resolve the problem of the site's division.

To achieve this, two types of general solution were adopted. On the one hand, the park basically relies upon the VC3 road, the only road with the potential to connect the site to the three thousand housing units of the adjacent Aulnay-sous-Bois housing estate. On the other hand, priority was given to financing the creation of communication passages between the two sides, withdrawing the motorway under the new bridges.

The basis for the design was the site's fertile soil, and major earth movements were avoided. The site's redefinition is basically achieved by emphasising its landform through the introduction of «ribs», or incisions. Another fundamental idea underlying the Sausset Park is that It is intended for future generations rather than for the current inhabitants of the area. A whole forest has been created by planting young trees over most of the site, and this means that the park will not be mature for a long period. The slow process of growth gives rise to exceptional conditions due to the possibiiity of changing areas worked on in previous years.

This flexibility is reinforced by the park's free spatial organisation. Within a general layout that was clearly defined from the beginning there is a series of spaces that can be redefined, as they have not been assigned a specific purpose, nor have they been so irrevocably established that It is impossible to reinterpret them. This has made It possible to include changes in response to developments in landscape design ideas and techniques over the ten years that work has lasted.

Thus, the park is multifunctional and has few permanent facilities; it can adapt to unforeseeable future needs and situations. Among the activities it proposes are; play areas, routes for pedestrians, cyclists and equestrians, a pond, streams, fountains, an adventure playground for teenagers, space for craft activities and a children's farm.

There are two main systems of lines in the geometry of the site's design. The first is designed to give shelter from prevailing winds and make the most of the sunshine, and relates to the site's longest axis, The second system of lines incorporates the external routes that cross the park. The western edge of the park reflects the lines of the Aulnay-sous-Bois housing development, forming a grid with a one-hectare unit square. Departing from this grid the park opens out towards the north. The railway line is crossed at two points. At one point, the crossing is underneath, following the course of the Roideau stream. The other crossing passes over the line and has a view of Paris in the distance. The longest line in this underlying geometry is a large curve, an internal representation of the motorway. On the basis of this general framework the different areas take shape.

A belvedere overlooking the Sauvigny lake, which occupies eight hectares.

The wooden Rousseau walkway crosses the Sauvigny lake and allows horses to cross.

400,000 saplings have been planted to reforest the 200 hectares of the park

This project did not aim to achieve a defined form, but to serve as a framework for gradual change.

The reservoir serves as a transition between the urban park and the retaining pool.

Mirador sobre el estanque de Savigny que ocupa unas ocho hectáreas.

La pasarela Rousseau, un entarimado de madera que cruza el estanque de Savigny.

En la forestación de las 200 ha del parque se han empleado 400 000 árboles jóvenes.

Esta intervención no pretende alcanzar una forma definida, sino un marco capaz de asumir los cambios paulatinos.

El pantano sirve de transición entre el parque urbano y el estanque de retención de aguas.

View from one of the entrances to the park.   *Vista desde una de las entradas al parque.*

As major topographical transformations were ruled out, the intention is that the basic compositional material should be the vegetation itself. This is used in four different types of area. The first is a woodland area, on the plain, that joins the Aulnay-sous-Bois Park. The second is agricultural and horticultural, centred on an ecology museum in an area overlooking the Plaine de France. The third is a woodland area facing south, towards Villepinte. The fourth area is a more urban park, located on the banks of the Sauvigny lake.

This vegetation is arranged on the basis of five basic landscape types; triangulation, clearings, woodlands, cultivated «ribs», and tree hedging. On the basis of these five types and four areas the project creates a variety of subspaces strung together along continuous promenades. The emphasis is on the idea of the natural park where the city is present, and thus suggests the idea of the countryside as a space where nature and the city can be reconciled. In this case the city can be mentally recreated by interpreting the crossing lines and the spaces that form its limits.

El parque Sausset es el resultado del concurso de ideas convocado en 1979 por el departamento de la Seine-Saint-Denis para su transformación en parque departamental de doscientas hectáreas al límite de la localidad de Aulnay-Villepinte, en la periferia noroeste de París. El terreno, situado al oeste de la vasta llanura agrícola de la Plaine de France, estaba dedicado originalmente al cultivo de cereales y en él destaca la presencia de dos arroyos, el Sausset y el Roideau, destinados a ser dos de los mayores potenciales en la proyectación del parque.

Michel y Claire Corajoud trabajan asociados desde 1975 y son profesores de la Escuela Nacional Superior del Paisaje, en Versalles, al igual que Jacques Coulon, quien completa el equipo de paisajistas responsables del Parc du Sausset. Los tres son antiguos alumnos de la Escuela Nacional Superior de Artes Decorativas parisina. Michel Courajoud, diplomado por el Ministerio de Agricultura francés, ha publicado sus escritos en diversas revistas y libros, así como investigaciones específicas por encargo de ministerios de su país, habiendo participado también en conferencias internacionales. Claire Corajoud ha sido colaboradora del Centro Nacional de Investigaciones y de Estudios sobre el Paisaje (CNERP). Ambos han realizado numerosas obras en Francia y han desarrollado estudios para países africanos como Zaire, Congo y Burundi. Jacques Coulon, por su parte, ha completado su formación en la escuelas nacionales superiores de Bellas Artes y de Horticultura, en el taller de escultura de Étienne Martin y en Roma.

Al abordar el diseño del Parc du Sausset, sus autores encontraron que la unidad del lugar y su continuidad con las urbanizaciones ribereñas había sido brutalmente rota por las infraestructuras introducidas en la zona: carreteras, autopistas, núcleos viarios, ferrocarril. Por ello se plantearon como tarea prioritaria la restitución del parque al conjunto del territorio físico y humano al que pertenece. Para conseguirlo, en opinión del equipo diseñador, no bastaba sólo con facilitar a los usuarios el acceso mediante pasarelas u otros medios, sino que se tenía que resolver el problema del territorio escindido.

Con este fin se adoptan dos tipos de soluciones generales. De un lado, se apoyó el parque fundamentalmente sobre la VC3, única vía que permitía un reencuentro del lugar con el polígono residencial de tres mil viviendas de Aulnay-sous-Bois. Por otra parte, se propuso financiar prioritariamente la creación de pasos comunicadores entre ambas orillas, replegando la autopista bajo los nuevos puentes.

Como punto de partida se toma el fértil terreno existente, evitando grandes movimientos de tierras. Por este motivo, la redefinición del mismo se ciñe fundamentalmente al subrayado de su morfología propia mediante la introducción de nervaduras o incisiones. Otra idea básica en Sausset es el estar concebido para las futuras generaciones más que para los actuales habitantes de la zona. De hecho, se ha creado todo un bosque plantando la mayor parte del terreno con árboles jóvenes, lo que implica un largo período hasta alcanzar la madurez del parque. Este largo proceso de crecimiento permite condiciones excepcionales de trabajo, posibilitando reintervenir sobre partes realizadas en años anteriores.

Esta flexibilidad del parque viene reforzada por su libre organización espacial. Dentro de una trama general definida con rotundidad desde un principio, se enmarcan una serie de espacios que son susceptibles de redefinición, al no estar vinculados a una función, ni tan absolutamente construidos que sea imposible su redistribución. Esto ha permitido ir asumiendo fácilmente ciertos cambios experimentados por el pensamiento y las técnicas del paisaje en los diez años de ejecución de las obras.

Se trata, pues, de un parque polifuncional y con pocos equipamientos fijos, capaz de tener en cuenta situaciones y necesidades imposibles de prever actualmente. Entre las actividades incluidas en su programa figuran: zonas de juego, circuitos peatonales, ciclistas y ecuestres, un estanque, arroyos, fuentes, un terreno de aventura para adolescentes, espacio para actividades artesanales y una granja infantil.

En la geometría aplicada al lugar se distinguen dos trazados. El primero está orientado según la dirección opuesta a los vientos dominantes, así como por la proyección del sol y la dimensión mayor del terreno. El segundo trazado, por su parte, incorpora al parque las direcciones procedentes del exterior. El límite oeste del parque acusa las líneas del polígono residencial de Aulnay-sous-Bois, dibujando una malla de una hectárea como cuadro de referencia. A partir de esta cuadrícula el parque asciende abriéndose hacia el norte. La vía férrea se franquea en dos puntos: en uno de ellos por debajo, siguiendo el riachuelo del Roideau y en el otro por la parte superior, mostrando a lo lejos la imagen de París. La línea más larga en esta geometría básica es una gran curva, imagen interiorizada de la autopista. A partir de este entramado general, se van construyendo los diferentes lugares.

Al descartar transformaciones topográficas importantes, se piensa en un parque en el que la vegetación sea el material compositivo fundamental, ésta queda agrupada en cuatro tipos de entornos: uno boscoso, sobre la llanura, que se articula con el parque de Aulnay-sous-Bois; un segundo entorno agro-hortícola, centrado en torno a un museo ecológico y abierto a la Plaine de France; el entorno silvestre abierto al sur y el viejo Villepinte; y, finalmente, un parque más urbano, situado en la orilla del estanque de Savigny.

Para la agrupación de esta vegetación se parte de cinco registros de formas paisajísticas fundamentales: la triangulación en pata de oca, el claro, el bosquecillo, las incisiones cultivadas y los setos silvestres. De acuerdo con estos cinco registros y con los cuatro entornos, el proyecto organiza subespacios diversos que se entrelazan en paseos continuos.

Panoramic view of the urban park area built using a one-hectare grid square.

The plants in the marsh are now an important bird sanctuary and many stop here on their migrations.

The areas around the lake are defined by the plants used –willows, rushes and grasses– and by the wooden protection systems.

Perspectiva del sector de parque construido sobre un cuadrado de una hectárea.

Las plantas de los pantanos se han convertido en refugio de pájaros y en reposo, muy importante para las migraciones.

Las inmediaciones del estanque se caracterizan por la elección de las plantas –sauces, cañaverales, gramíneas– y por los sistemas de protección, de madera.

Se privilegia la imagen de parque natural del que no está ausente la ciudad y se asocia, así, a la imagen de campo como espacio en el que se concilian ciudad y naturaleza. Aquí la ciudad se puede reconstruir mentalmente al interpretar las líneas que se cruzan y los espacios que constituyen lentamente sus límites.

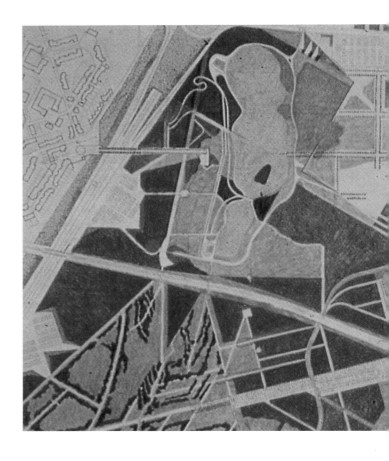

General plan of Parc du Sausset.

The layout of the groups of trees is one of the most striking visual elements in the project.

Planta general del Parc du Sausset.

El diseño de los macizos forestales es uno de los elementos de mayor potencia visual en el proyecto.

137

Golden Gate National Recreation Area

SWA Group

Location: Marin County and San Francisco County, California
Client/Promoter: U.S. Department of the Interior, National Park Service

The SWA Group is a notable team of professionals working in land-scaping, planning, and urban and environmental design, Its origins go back to 1957, when Hideo Sasaki and Peter Walker established their company, Sasaki, Walker and Associates in Watertown (Massachusetts). Shortly afterwards Sasaki was appointed head of the Department of Landscape Architecture at Harvard, where he became friends with Walter Gropius, who was then head of the University's Department of Architecture. Gropius was deeply committed to collaboration between artists and designers, teamwork and anonymity, and the social purpos-es of building. At the same time Gropius considered the architect as master builder, superior to other artists, who he had to explain his plans to. Sasaki fully accepted Gropius' ideals of collaboration, anonymi-ty and social purpose, but totally rejected the idea of the architect as master builder.

Walker, a Californian, returned to the west coast in 1959, where he founded a branch of the company. In 1968 the staff of Sasaki, Walker & Associates totalled 35 people but, in spite of its rapid growth, its team spirit was not lost. The ideals and ecological concerns of the countercul-ture, whose epicentre was in San Francisco, had struck deep roots in the group. The SWA office in Sausalito began, at the beginning of the 1970s, to deal with regional planning, environmental impact studies and the con-servation of the Mendocino coast, In 1983, Walker left the firm to start his own studio, and his influence has been less pronounced since then.

The northern part of the park occupies 36,000 ha and has been left largely undisturbed.

La intervención en la parte norte del parque, que ocupa una extensión de 36.000 ha, ha sido mínima.

The SWA Group now has six offices throughout the United States. There are more than 70 professionals, including economists, artists, geologists, geographers and many landscapers. The company offers a wide range of services in the field of landscaping and urban and regional planning, but in keeping with their original principles, they never ignore the environmental aspects of design. They have completed many projects, and perhaps the most interesting ones, for their effect on the metropolitan landscape and photogenic nature, are San Diego Pier (California), Arvida Resort Community in Boca Raton (Florida), Irvine Ranch Story (California) and the Golden Gate National Recreation Area, or GGNRA.

Sited on both sides of the Golden Gate Bridge and spreading over Marin and San Francisco Counties, the GGNRA covers more than 40,000 ha. Together with the adjacent Point Reyes National Seashore, the GGNRA is the largest metropolitan park in the world.

Located at the edge of San Francisco, a city famous for its beautiful scenery, the GGNRA includes an impressive variety of natural, historical and landscape features. The northern sector of the park includes the sub-Mediterranean ecosystems of the Rodeo Valley, the rugged coastline of Point Bonita, and the Muir Woods with forests of Sequoias giganteas, the tallest trees in the world, making it a veritable showcase of California's natural beauty, and within a few minutes' drive of the 4.5 million inhabitants of the metropolitan area. The more developed part of the GGNRA, to the south of the Golden Gate bridge and forming part of San Francisco County, houses a series of buildings and constructions, like Fort Mason, Fort Baker, Alcatraz and the Cliff House that are important landmarks in the city's history. Fort Mason, for example, was once a military position protecting the entrance to San Francisco Bay and supplying provisions and equipment to distant troops. For more than a century Cliff House has been a meeting place for those who wish to enjoy one of the best views over the ocean from this privileged balcony.

After a thorough evaluation of the natural and cultural resources, socioeconomic considerations and the laws governing land use, the SWA Group acted as team leader for the master planning of this massive metropolitan park. The plan's development included public input from more than 100 workshops which defined the recreational needs and different priorities in the use of space. The result of this interdisciplinary programme was a master plan covering the area from the Golden Gate to Point Reyes National Seashore, balancing the conservation of natural features and the recreational needs of the public. The plan also allowed for the gradual incorporation of the military installations within the park, and decided that a ferry should link the southern or «historic-urban» sector to the wilder northern part. The SWA Group thus ensured a better union between the north and south areas, reduced traffic on the bridge, and also ensured that the Golden Gate Bridge and the waters of the Pacific and San Francisco Bay formed part of the park experience.

The park balances the conservation of natural values with the recreational needs of the public.

The park is in an area with an oceanic climate.

The rugged Pacific coastline is one of the park's most attractive features.

From the top of the hills in Marin county one can enjoy this remarkable view of San Francisco.

El parque equilibra la conservación de los recursos naturales con las necesidades recreativas del público.

El parque tiene una vegetación típica de una zona climática oceánica.

La accidentada costa del Pacífico es uno de los grandes atractivos del parque.

Desde lo alto de las colinas de Marin County se disfruta de esta visión insólita de San Francisco.

El SWA Group es un extenso equipo de profesionales especializados en los campos del paisajismo, la planificación y el diseño ambiental y urbano. Sus orígenes se remontan a 1957, fecha en la que Hideo Sasaki y Peter Walker establecieron en Watertown (Massachusetts) la firma Sasaki, Walker and Associates. Poco después Sasaki fue nombrado jefe del departamento de Arquitectura del Paisaje en Harvard, donde no tardó en trabar amistad con Walter Gropius, que, por aquellas fechas, era el jefe del Departamento de Arquitectura de la prestigiosa universidad de la Costa Este. Gropius era un gran defensor de la estrecha colaboración entre artistas y diseñadores, del trabajo en equipo, de la finalidad social del proyecto y del anonimato que debía envolver a sus creadores; pero, paralelamente, también veía en el arquitecto al gran maestro, superior a los otros artistas, a los cuales debía imponer su plan de trabajo. Sasaki sólo retuvo de Gropius los ideales de colaboración, anonimato y utilidad social y refutó de plano la idea del protagonismo del arquitecto.

En 1968 el equipo de Sasaki, Walker y Asociados ya contaba con 35 personas pero, a pesar de su rápido crecimiento, el espíritu de equipo no se había perdido. El ideario de la contracultura –cuya meca se hallaba en San Francisco– había hecho mella en el grupo, y muy especialmente por lo que se refiere a las inquietudes ecológicas. A principios de la década de los setenta, desde su cuartel general en Sausalito, el SWA se ocupaba ya de planificación regional, de estudios de impacto ambiental y de la conservación de la costa de Mendocino. En 1983 Walker abandonó el grupo para fundar su propia firma. Desde entonces, su influencia es menos notoria.

Hoy existen seis estudios del SWA Group repartidos por la geografía estadounidense. Los colaboradores, entre los cuales se cuentan economistas, artistas plásticos, geólogos, geógrafos y múltiples paisajistas, suman más de setenta. La firma ofrece una amplia gama de servicios en el campo del paisajismo y la planificación regional y urbana pero, fiel a muchos de sus originales principios, nunca olvida el aspecto ambiental del proyecto. La lista de sus realizaciones es casi interminable aunque quizás puedan destacarse, por su relación con el paisaje metropolitano y su fotogenia: el embarcadero de San Diego (California), la Arvida Resort Community en Boca Ratón (Florida), el Irvine Ranch Story (California) y la Golden Gate National Recreation Area.

Situada a ambos lados del puente del Golden Gate y extendiéndose por los condados de San Francisco y Marin County, la Golden Gate National Recreation Area (GGNRA) ocupa una extensión superior a las 40.000 ha, junto con la Point Reyes National Seashore –adyacente a ella–, la GGNRA conforma el parque metropolitano de mayor extensión del mundo, con una impresionante variedad de recursos naturales, históricos y paisajísticos. Desde los ecosistemas submediterráneos de Rodeo Valley hasta las accidentadas costas de Point Bonita y las grandes extensiones de arena batidas por el oleaje de Ocean Beach, pasando por los bosques de secuoyas gigantes (los árboles más altos del mundo) de Muir Woods, la parte norte del parque es un verdadero escaparate de bellezas naturales californianas, accesible en pocos minutos a los 4,5 millones de habitantes del área metropolitana. Por otra parte, la zona más urbanizada de la GGNRA –la que, situada al sur del puente Golden Gate, pertenece al propio condado de San Francisco– encierra una serie de edificios y complejos arquitectónicos, como Fort Mason, Fort Baker, Alcatraz y la Cliff House, que constituyen importantes hitos en la historia ciudadana. Fort

A view of the wilderness in the north of the park.

Just a few kilometres from the city the public can enjoy the park's majestic scenery.

Una imagen de la naturaleza virgen en la zona norte del parque.

A pocos kilómetros de la urbe pueden contemplarse los majestuosos escenarios naturales de parque.

Mason, por ejemplo, fue en su época un puesto militar que protegía la entrada a la bahía de San Francisco y suministraba tropas y pertrechos hacia los distantes campos de batalla. Y la Cliff House ha sido durante más de cien años punto de reunión obligado para los urbanitas que, desde este balcón privilegiado, podían disfrutar de una de las mejores vistas sobre el océano.

Tras una detallada evaluación de los recursos naturales y culturales, las consideraciones socioeconómicas y las leyes sobre utilización de la tierra, el SWA Group actuó como equipo líder en la preparación del plan urbanístico del proyecto de este gran parque metropolitano. El proceso de elaboración del plan incluyó la participación del público en más de cien talleres que definieron las necesidades recreativas y las distintas prioridades en la utilización del espacio. El resultado de este trabajo multidisciplinar fue un plan maestro que, desde los promontorios del Golden Gate hasta la Point Reyes National Seashore, equilibraba la conservación de los recursos naturales con las necesidades lúdicas del público. El plan permitió, asimismo, la absorción gradual de las instalaciones militares en la estructura del parque y determinó que un servicio de transbordadores uniera la parte sur o «histórico-urbana» del parque con la norte, más selvática. De este modo el SWA Group se aseguraba no sólo una mejor unión entre la zona sur y la norte, descongestionando de paso el tráfico en el puente, sino también que las aguas del Golden Gate, el Pacífico y la bahía de San Francisco formaran también parte de la experiencia del parque.

Conifers predominate in the local forest ecosystems.   *Las coníferas son una parte esencial de los ecosistemas forestales del parque.*

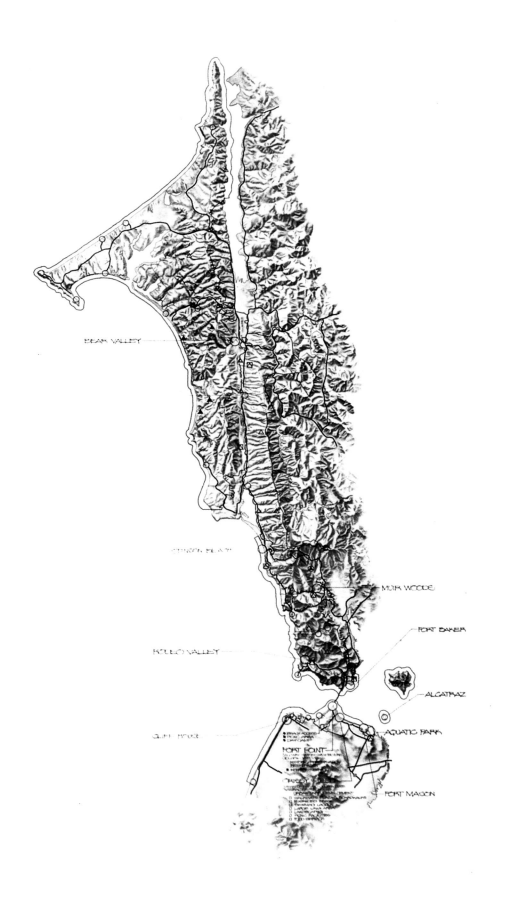

BEAR VALLEY

STINSON BEACH

MUIR WOODS

FORT BAKER

RODEO VALLEY

ALCATRAZ

CLIFF HOUSE

AQUATIC PARK

FORT POINT

FORT MASON

View of the garden, with the two towers of the Victorian station in the background.

Vista del jardín, con las dos torres de la estación victoriana al fondo.

Cannon Bridge Roof Garden

BDP Landscape

Location: Cannon Street, London, United Kingdom
Client/Promoter: British Railways Board and Speyhawk plc.
Collaborators: Bovis Construction Management (contract administration), Frischmann Consulting Engineers (structural engineers) and Waterers Landscape Ltd. (landscaping contractors)

Corporate landscaping is one of the most complex aspects of landscaping, as it is affected by many different types of problems, such as integration of architecture into the landscape, or respect for a human scale to provide a spiritual connection between the user and the environment. If the site is also very symbolic of a city, such as this site on the Thames riverside in central London, the problems increase tremendously. It is not only necessary to meet stylistic and historical requirements derived from its location, it is also necessary to deal with pollution and climatic factors, which are very relevant to the adequate maintenance of the vegetation.

These conflicts were successfully resolved by BDP Landscaping, a multidisciplinary studio with offices in Great Britain, Ireland and France. Its professional scope includes a wide range of sectors: site analysis (paying special attention to ecological factors like vegetation, topography, hydrology and microclimate), offices, commercial and transport facilities, recreational parks, health and leisure centres, and the regeneration of historic spaces.

Their best-known works include: the Refuge Assurance headquarters in Wilmslow; the Blythe Valley in Solihull; the Ealing Broadway Centre; the new gardens of the Tate and Clore Gallery; the Manchester headquarters of Granada TV; and the landscaping of the Spinningfields housing estate in Bolton. One of their largest projects is landscaping the Folkestone terminal of the Channel Tunnel.

One of BDP Landscape's most complex and daring projects is the roof garden on top of Cannon Street railway station, in central London. This is due to the site's important location, facing the Thames and Saint Paul's Cathedral, and to more pragmatic conditioning factors, like working timetables, plant selection and maintenance, wind factors, pollution, etc.

The roof garden's limits are defined by the perimeter of the restored walls of the Victorian station, whose most attractive feature is the pair of towers overlooking the river. The station has been renewed by landscaping the roof surface, which covers an acre, making it comparable in size to London's Berkeley Square.

This means the new roof garden is a unique space in the landscape of the British capital, as it serves two different purposes, difficult to reconcile in a city like London. On the one hand, the roof garden is like a leisure or recreational installation, but on the other hand it is a sort of belvedere, with an excellent view of the Thames and London.

In spite of this, the project had to adapt to a series of conditioning factors derived from the stylistic context of its location. The basic factor was the need to subordinate the design to the scale imposed by the nearby St. Paul's Cathedral, meaning that the construction between the station walls could be no more than two storeys high. The Atrium Building, a six-storey building facing the roof garden, is cut back at a 55° angle. Conditioning factors related to scale have influenced the plants used, as none of them are to reach more than 1.2 m in height.

From a more pragmatic point of view, the conflicts centred on two points. The first was the highly exposed nature of the site, and the second was actually performing the work. Problems relating to exposure were solved by using the services of the Agricultural Development and Advisory Service to obtain information about environmental conditions, the plants to use and the planting, protection and maintenance techniques to follow. The work could only be carried out at night and at weekends, and thus took six months. The materials for the roof garden weighed almost a thousand tonnes, and had to be lifted using a powerful mobile crane.

In order to reduce soil depth requirements to a minimum, and thus structural load, an automatic irrigation system was installed, aided by a gentle slope to ensure surplus water runs off. Asphalt was used to seal the roof, and a layer of leca of variable depth, protected by a filter membrane, was used to ensure insulation and drainage. The areas where soil depth is limited to 200 mm are all turfed, while shrub and herbaceous plantings have been used where soil depth is between 300 and 350 mm.

The symmetry and rationality of the geometric composition is similar to the French style. The idea of the main axis is reinforced by the central location of a glass barrel vault, providing light for the building's interior. The arrangement of the roof garden is emphasised by the use of beech and yew hedges (excellent windbreaks), reflecting the shape of the Atrium Building. Lively colours and sweet fragrances are ensured by rose, mock orange, lavender, dianthus and salvia plantings, which stand out above the glaucous decorative grasses.

To ensure the garden shows winter colour, there are low hedges of cherry laurel and hardy evergreen shrubs such as lonicera, ivy and cotoneaster. The roof garden scheme also fulfils the requirement of flexibility, allowing the future addition of pergolas and seating.

One of the lighting elements.

View with the Atrium Building in the background.

Aerial view of the district around Cannon Bridge

The scheme reconciles different design conceptions.

Uno de los componentes de la iluminación.

Al fondo, el Atrium Building.

Vista aérea de la zona londinense donde se ubica el Cannon Bridge.

La intervención reconcilia diversas concepciones arquitectónicas.

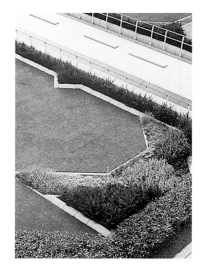

The glass vault is clearly a central axis.

Hedges, shrubs and lawn are the main features of the vegetation.

The roof offers a magnificent view of London.

The garden stands out from the surrounding construction.

The herbaceous borders create attractive combinations of colours.

La bóveda acristalada presenta una clara función axial.

Setos, arbustos y césped constituyen la base principal de la vegetación.

Desde la cubierta se divisa una magnífica panorámica.

El jardín destaca entre las construcciones circundantes.

Las variantes herbáceas permiten atractivos juegos cromáticos.

La variante corporativista del paisajismo es una de las más complejas de esta actividad, puesto que en ella confluyen problemáticas de muy diversa índole, como por ejemplo la integración arquitectónica en el paisaje o el respeto por una escala humana que facilite la conexión espiritual entre usuarios y entorno. Si a ello se añade una ubicación emblemática, en pleno centro de Londres y frente al Támesis, las dificultades aumentan enormemente: no sólo hay que hacer frente a los condicionamientos tipológicos e históricos derivados del emplazamiento, sino que también es preciso considerar factores climáticos y de contaminación, de notable incidencia para el adecuado mantenimiento de las especies vegetales.

A todos estos conflictos se ha enfrentado, con evidente éxito, la firma paisajística BDP Landscape, empresa multidisciplinar con numerosas sedes en Gran Bretaña, Irlanda y Francia. Su ámbito profesional abarca un amplio abanico de sectores: estudios analíticos del lugar (con especial atención a factores como ecología, vegetación, topografía, hidrología o microclima), oficinas, instalaciones comerciales y de transporte, parques recreativos, centros de ocio y salud, y regeneración de espacios históricos.

Entre sus obras más celebradas cabe mencionar: la sede de Refuge Assurance, en Wilmslow; el Blythe Valley en Solihull; el Broadway Centre de Ealing; los nuevos jardines de la Tate and Clore Gallery; la sede de Granada TV, en Manchester; o la adecuación paisajística de las viviendas de Spinningfields en Bolton. Sin embargo, uno de sus trabajos más ambiciosos corresponde a la intervención en la terminal de Folkestone, dentro del macroproyecto del Túnel del Canal.

Junto a esta última, puede decirse que una de las obras más complejas y arriesgadas de BDP Landscape es la de la cubierta ajardinada de la estación de Cannon Bridge, ubicada en pleno centro londinense. A ello contribuye tanto lo significativo del emplazamiento, abocado hacia el Támesis y la catedral de Saint Paul, como los condicionamientos de carácter más pragmático (horarios laborales, selección y mantenimiento de especies, factores eólicos, contaminación, etc.).

La cubierta ajardinada está enmarcada dentro del perímetro dibujado por los muros restaurados de la histórica estación victoriana, que tiene en las dos torres que miran hacia el río uno de sus principales atractivos. El espíritu de tradición cultural se refuerza ahora con la adecuación paisajística de la citada cubierta que, con un acre de extensión, presenta la misma superficie que, por ejemplo, la londinense plaza de Berkeley.

De esta manera, el nuevo jardín se convierte en un espacio único dentro de la concepción paisajística de la capital británica, puesto que su programa funcional abarca dos niveles de uso difícilmente conciliables en ciudades como Londres: por una parte, la cubierta ajardinada se comporta como instalación recreativa para el ocio; por otra, el jardín ejerce un papel de mirador, ya que desde el mismo se dominan visualmente el Támesis y el paisaje londinense.

No obstante, el proyecto tuvo que amoldarse a una serie de condicionantes derivados de su emplazamiento en el contexto tipológico. Como factor fundamental, fue necesario subordinarse a la escala impuesta por la proximidad de la catedral de Saint Paul. Así, el edificio enmarcado entre las paredes de la estación ha tenido que ver reducido su volumen a una altura máxima de dos pisos. Por su parte, el denominado Atrium Building, construcción de seis plantas cuya fachada se aboca hacia la cubierta ajardinada, se ha dispuesto en posición oblicua, siguiendo un ángulo de 55°. Estos condicionamientos de escala también han influido en la selección de especies, ya que ninguna de ellas puede superar la altura de 1,2 m.

Desde un punto de vista más pragmático, los conflictos se produjeron en dos direcciones: por una parte, la excesiva exposición del lugar; por otra, el sistema de trabajo. En el primer aspecto, fue necesario recurrir a los servicios del Servicio de Asesoramiento y Desarrollo Agrícola para obtener información sobre las condiciones ambientales, la selección de especies y las técnicas de plantación, protección y mantenimiento. Por lo que respecta a la sistematización laboral, únicamente se pudo trabajar durante las noches y los fines de semana, por lo que la obra se prolongó durante seis meses. Las casi mil toneladas de peso de los materiales para la cubierta fueron transportadas mediante una potente grúa móvil.

Con el objeto de reducir al mínimo las cargas estructurales y la profundidad del suelo, se ha instalado un sistema de irrigación automático, reforzado por una suave pendiente que impide el estancamiento del agua. Para los cerramientos de la cubierta se ha empleado el asfalto, mientras que para asegurar el aislamiento y el drenaje se ha recurrido al uso de una capa de leca de espesor variable, protegida por una membrana filtrante. Los lugares en los que el suelo presenta un espesor máximo de 200 mm se han reservado para la plantación de césped; en las áreas en las que la profundidad de la tierra oscila entre 300 y 350 mm se han dispuesto arbustos y plantas herbáceas.

La simetría y racionalidad en la composición geométrica del jardín revelan un cierto acercamiento a la tradición francesa. La idea del eje está reforzada por la ubicación centralizada de una bóveda de cañón acristalada, que proporciona iluminación al interior del edificio. La ordenación formal de la cubierta está subrayada por la disposición de setos de tejo y haya (escogidos por su sólida resistencia al viento), que permiten relacionar el jardín con la estructura del Atrium Building. La viveza cromática y aromática está asegurada mediante la plantación de rosales, celindas, lavandas, salvias y minutisas, que resaltan sobre atractivas superficies glaucas de hierba.

Para garantizar la vitalidad del jardín en invierno, se han dispuesto setos bajos de laurel cerezo y resistentes arbustos de hoja perenne como madreselvas, hiedras o cotoneaster. Por último, hay que señalar que la composición de la cubierta ajardinada responde igualmente a criterios de flexibilidad formal, lo que permitirá en un futuro la adición de pérgolas y asientos.

The glass barred vault, seen from inside   *Bóveda acristalada, vista desde el interior.*

View of the spectacular atrium.   *Vista del espectacular atrio.*

General plan of the Cannon Bridge roof garden.   *Planta general de la cubierta ajardinada de Cannon Bridge.*

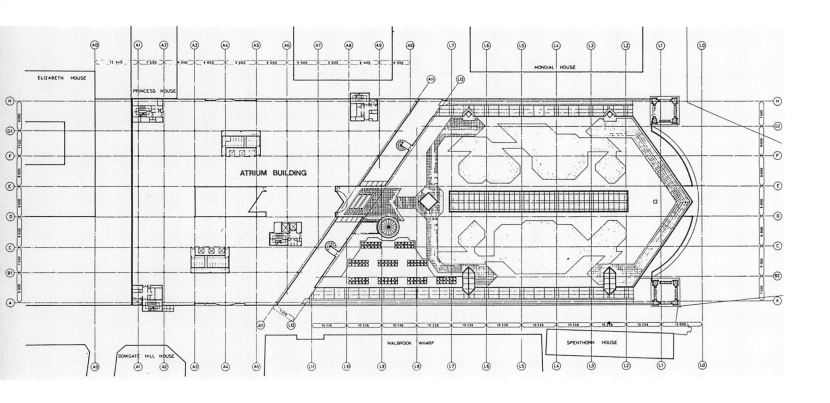

50 Avenue de Montaigne Courtyard

Michael Van Valkenburgh Associates

Location: Avenue Montaigne, Paris
Client/Promoter: ARC 108/SNC 50 Montaigne
Collaborators: Judy Kensley McKie (sculptures)

This project, which started in 1990, is the result of the American landscape architect Michael Van Valkenburgh's commission to landscape the ARC 108/SNC 50 Montaigne Company (also known as Arc Union) headquarters at number 50, Avenue Montaigne, in Paris. The commission was to design a garden for the office complex and a transition space between the XIX century storefront on the avenue, and the more modern office tower on the Impasse d'Antin. The garden is thus in the internal courtyard of a tower block in central Paris, with access from the ground level of the office building. The total budget for the operation was a million dollars.

Michael Van Valkenburgh obtained his master's in Landscape Architecture from the University of Illinois in 1977. He received funding from the National Endowment for Arts and built a laboratory for the study of ice walls. He was in charge of the 1986 exhibition «Transforming the American Garden» at Harvard University. His designs include the Coyles Conservatory at the Walker Art Center Sculpture Garden, in collaboration with Barbara Stauffacher Solomon; the Black Granite Garden in Southern California; the garden by Lake Minnetonka in Wayzata, Minnesota; the ice/vine garden in Martha's Vineyard, Massachusetts; the Vine Maze Garden at the University of California, Davis; West Hollywood Civic Center; Pacific Atlas Center. Los Angeles, and the riverfront park in Columbus, Indiana. Among the specialised works he has published are the

The garden and the building are visually continous due to the glass vestibule.

El jardín y el edificio se interpenetran visualmente a través del vestíbulo acristalado.

155

catalogue of twentieth-century landscapers called «Built Landscapes», and the book «Gertrude Jekyll: A Vision of Wood and Garden», in collaboration with Judith Tankard.

The most important factor Michael Van Valkenburgh had to face when designing this courtyard on the Avenue Montaigne was that the site is on top of the office garage. As this artificial landscape had to be built on top of a concrete roof, important adaptations were required, including creating low-weight soil mixtures, subsurface drainage and a complex irrigation system.

The SNC Montaigne 50 courtyard is an austere composition of stainless steel columns, elongated sheets of water and alternating rows of hornbeams and linden trees. Although the building was intended to be seen from the upper storeys of the offices above, it is at its best when the visitor walks in and around It. The building's internal circulation corridor, walled-in glass, serves as a transparent threshold to the garden space, as well as allowing visual continuity between the interior and the exterior. The design principles of layering, parallel composition and axial ordering were applied to each of the different materials used - stone, metal, water and plants - to create a markedly contemporary garden that attracts the visitors to its interior and guides them through it. The three dimensional qualities of this landscape are presented simply in order to create an ambiguous sense of physical scale and an experiential intimacy recalling the landscaping tradition of French gardening. Michael Van Valkenburgh's work is full of historical references of this nature.

The garden is limited on its longest side, the northeast, by a tall wall that will eventually be covered by climbing plants and which serves as a backdrop for the whole composition. The alternating strips of water and trees that form the garden's basic layout are perpendicular to this wall. This rationalised and voluntarily austere geometry is only altered by the introduction of a feature marking the entrance to the courtyard from the glassed circulation corridor on the ground floor; a walkway of sheet metal rests on an irregular platform with granite finish, like a fragment of the vestibule that has escaped from inside the building. The intersections between this platform and the other garden features, such as the largest of the strips of water, are emphasised by changes in materials. The composition fits in with Van Valkenburgh's personal style, marked by strong geometric and spatial definition.

The garden's benches are underneath trees. These features are cast sculptures on concrete platforms, and are the work of American sculptress Judy Kensley McKie. These shiny, dark structures are the stylised forms of five cats, like enigmatic guardians, and introduce a rather enigmatic touch to the scene.

The fact that plants are living, changing features fascinates Michael Van Valkenburgh. This is why he plays with the changes in appearance in the deciduous trees, a combination of hornbeams and lindens, chosen for the courtyard in the Avenue Montaigne. In his words, «the wonderful thing, but at the same time the most frustrating thing, about designing with plants is that they grow, change colour and eventually die». At the end of each of the four elongated basins are the so-called water columns. They are elegant cylinders of stainless steel and metal mesh. Water flows gently from the top and down the sides, producing a relaxing sound as It descends. They are the design's most unusual and elaborate features. As in his other projects, Van Valkenburgh considers this garden as an laboratory and an opportunity to try out new ideas. Like Van Vaikenburgh's

The water columns are at the end of each of the pools.

The slow descent of the water down the mesh walls of the columns produces a relaxing sound.

The sculptural benches go beyond mere functionality.

The composition is based on alternating parallel strips of different elements.

The platform at the end of the access walkway is like a fragment of the building invading the garden.

Las columnas de agua marcan el extremo de los estanques del jardín.

El lento descenso del agua por las paredes de malla metálica de las columnas produce un relajante sonido.

Los bancos desempeñan el papel de esculturas.

La composición se basa en la alternancia de franjas paralelas de diferentes elementos.

La plataforma que pone fin a la pasarela de acceso es como un fragmento del edificio que invade el jardín.

The intersection of different features is solved by changes in material.

The cast benches, representing stylised cats, were designed by Judy Kensley McKie.

The garden's northeast wall is a backdrop that will eventually be covered by climbing plants.

Las intersecciones entre diferentes elementos se solucionan con cambios de material.

Los bancos de fundición, que reproducen estilizadas formas de felinos, son diseño de Judy Kensley McKie.

El muro que cierra el jardín por su cara noroeste es un telón de fondo que acabará cubierto por las enredaderas.

other prívate gardens, the courtyard in Avenue Montaigne is both welcoming and poetic, with the right level of seriousness and historical and landscape references. This is what gives his design process such strength, all achieved using a deliberately expressive sobriety.

El presente proyecto, cuya elaboración se inició en 1990, es fruto del encargo realizado al arquitecto paisajista americano Michael Van Valkenburgh por la empresa ARC 108/SNC 50 Montaigne, también conocida como Arc Union, para su sede en la avenida Montaigne n° 50, de París. Se trataba de diseñar un jardín para su complejo de oficinas y un espacio de transición entre el frente del solar que da a la avenida, una construcción del siglo XIX, y la torre de carácter más contemporáneo que linda con el callejón d'Antin. El jardín se sitúa, pues, en un patio interior de manzana de un céntrico distrito parisino, al que se accede desde el vestíbulo de oficinas de la planta baja. El presupuesto total de esta obra ascendió al millón de dólares.

Michael Van Valkenburgh obtuvo en 1977 el máster en Arquitectura del Paisaje por la Universidad de Illinois. Becado con la Dotación Nacional para las Artes, construyó un laboratorio para el estudio de las paredes de hielo. Fue responsable en 1986 de la exposición *Transformando el Jardín Americano* en la Universidad de Harvard. Entre sus realizaciones se encuentran: el Invernadero Coyles del Jardín de Esculturas del Walker Art Center, en colaboración con Barbara Stauffacher Solomon; un jardín de granito negro en el sur de California; un jardín junto al lago Minnetonka Wayzata (Minnesota); jardín de parras y hielo, Martha's Vineyard, (Massachusetts); un jardín laberíntico de parras, Universidad de California, Davis; el Centro Cívico de Hollywood Oeste; el Pacific Atlas Center (Los Ángeles); un parque ribereño en Columbus (Indiana). Es autor, entre otras publicaciones especializadas, del catálogo de paisajistas del siglo XX *Paisajes construidos*, y de la obra *Gertrude Jekyll: una visión de la madera y el jardín*, con Judith Tankard.

El mayor condicionante inicial con el que hubo de contar Van Valkenburgh a la hora de diseñar el patio de la avenida de Montaigne fue el hecho de que debajo de éste se aloja el garaje del centro empresarial. Como había que realizar este paisaje artificial sobre una cubierta de hormigón, fueron necesarias importantes obras de adaptación al lugar, que incluyeron la elaboración de mezclas de terreno de bajo peso, el drenaje subterráneo y un complejo sistema de irrigación.

El patio de SNC 50 Montaigne es una austera composición de columnas de acero inoxidable, láminas de agua y parterres alargados sobre los que se alternan hileras de carpes y tilos. Pese a que este jardín fue concebido para ser contemplado desde las plantas superiores de los edificios de oficinas que lo enmarcan, se revela sobre todo al recorrerlo perimetralmente y por su interior. El corredor de circulación interna del edificio, con su cerramiento de vidrio, sirve de umbral transparente al espacio del jardín a la vez que permite una interesante continuidad visual entre el interior y el exterior. Los principios del diseño por capas, la composición en paralelo y el orden axial fueron aplicados a cada uno de los diferentes materiales que componen este espacio —piedra, metal, agua y plantas—, para dar lugar a un jardín marcadamente contemporáneo que atrae al observador a su interior y lo guía a través de él. Las cualidades tridimensionales del espacio se presentan de un modo escueto en este

paisaje para provocar a un tiempo un sentido ambiguo de la escala física y una particular intimidad en la experiencia que recuerda la tradición paisajística de los jardines franceses —no son infrecuentes las citas históricas en la obra de Van Valkenburgh.

El jardín se cierra por su cara noreste, su lado más largo, mediante un alto muro que habrá de ser cubierto en su totalidad por plantas trepadoras y que actúa de telón de fondo de la composición. Perpendicularmente a este muro se disponen las franjas alternas de agua y los parterres, que constituyen el trazado básico del jardín. Esta racionalizada y voluntariamente austera geometría sólo se ve alterada por la inserción de un elemento que marca la entrada al patio desde el espacio acristalado de circulación en planta baja: una pasarela de chapa metálica que descansa sobre una plataforma de perfil irregular con aplacado de granito, como un fragmento de vestíbulo escapado del interior del edificio. Los puntos de intersección entre esta plataforma y otros elementos del jardín, como es la mayor de las bandas de agua, se subrayan mediante cambios de material. Esta composición encaja con el estilo personal de Van Valkenburgh, marcado por una fuerte definición geométrica y espacial.

Bajo los árboles se sitúan los bancos del jardín. Estos elementos escultóricos de fundición, sobre plataformas de hormigón, son obra de la artista americana Judy Kensley McKie. Sus pulidos volúmenes oscuros reproducen las formas de cinco estilizados felinos que, a modo de enigmáticos guardianes del lugar, confieren un cierto carácter críptico a este escenario.

Por otro lado, la condición de elementos vivos, cambiantes, de las plantas es algo que fascina a Van Valkenburgh; de ahí que juegue con los cambios de aspecto de los árboles de hoja caduca en la combinación de carpes y tilos escogida para el patio de la avenida de Montaigne. Sus mismas palabras ilustran este interés: «Lo maravilloso, y al mismo tiempo más frustrante, de diseñar con plantas es que crecen, cambian de color y, finalmente, mueren.» En el extremo de cada una de las cuatro balsas estiradas se yerguen las denominadas columnas de agua. Éstas son esbeltos cilindros de acero inoxidable y malla metálica situados dentro de cada balsa, desde cuyos extremos brota suavemente el agua, que resbala por sus paredes produciendo un relajante sonido en su descenso. Son las piezas más singulares y elaboradas de este proyecto que, como el resto de sus jardines, Van Valkenburgh entiende como un laboratorio u oportunidad para ensayar nuevas ideas.

Como otros jardines privados debidos a Van Valkenburgh, el de la avenida de Montaigne es, a un tiempo, acogedor y poético, rezumando el justo grado de seriedad y de referencias histórico-paisajísticas que tanta fuerza dan a su proceso de diseño, todo ello logrado con una calculada sobriedad expresiva.

The stainless steel columns fit in with the scale of the office buildings.

Las columnas de acero inoxidable se relacionan con los edificios de oficinas.

General plan of the garden's location.

Planta general de situación del jardín.

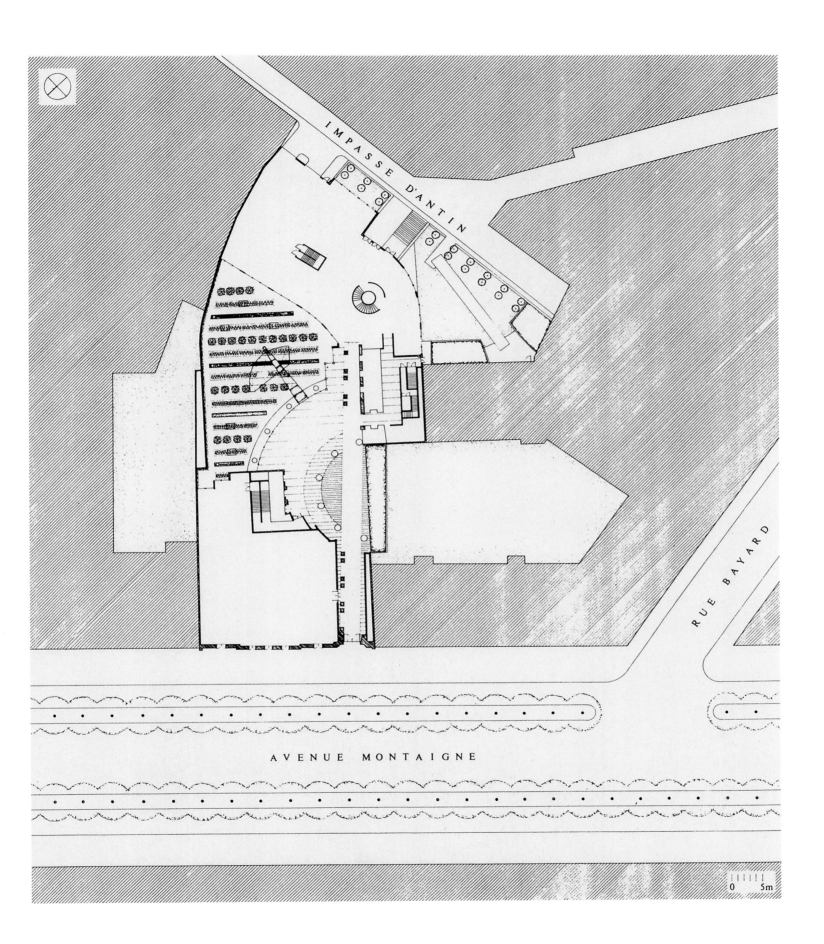

IMPASSE D'ANTIN

RUE BAYARD

AVENUE MONTAIGNE

0   5m

The transition area between the grove and the area of mounds.

Zona de transición entre la arboleda y la zona de montículos.

Prospect Green
Hargreaves Associates

Location: Sacramento, California, USA
Client/Promoter: Lankford & Taylor
Collaborators: R.L. Davis (architect)

Use and purpose, when applied to a specific site, are two quite independent attributes. It would be easy for any of us to make two different lists. One list of the places that, for reasons of history have entered the collective memory, and another list of the places where we perform our work or daily activity; the spaces we use for a specific purpose.

Prospect Green is a service park with about 45,000 m2 of office on a site covering a little over 13 ha in California's torrid Sacramento Valley. In 1850 the hydraulic dredging of the area for mining purposes caused great damage to what had until then been a exceptional natural space, and irreparably damaged the valley's water balance. George Hargreaves' design was based on recent regulations restricting extensive water usage and his special sensitivity towards the natural environment. Starting from these points he has changed a design for a business area into a space where the words use and purpose have complementary meanings.

Hargeave's long and brillant academic and teaching career is shown by his periods as visiting professor at the universities of Pennsylvania (Philadelphia), Harvard (Massachusetts), Virginia, Illinois, and San Luis Obispo (California). He is now Adjunct Professor of Landscape Architecture at Harvard University. In 1987 Harvard mounted a travelling exhibition showing the results of his professional activities in urban design. Specific Landscapes, that toured the United States and Canada for more than two years. In 1989 he won the first prizes in the competitions for the Arts Park of Los Angeles and the Freemont Civic Center in California. Among the more recent projects from this California studio are the Byxbee and Plaza Parks (1993), the courtyard for Hewlett Packard (1992) and the gardens and river Park in Guadalupe (1992).

Among his work outside California, he has drawn up the master plan for the Louisville coast in Kentucky.

The Prospect Green service park arose from the need to order a business area consisting of nine office buildings, a shopping centre and a kindergarten. The point of reference around which the design unfolds is a garden area covering rather more than a hectare, right in the centre of the devolopment, that seeks a relation with everyday life inspired in he central spaces of American university campuses (quads or quadrangles). This crescent space is structured by a net of pedestrian routes joining the different buildings. A main promenade runs along the main north-south axis and divides the area into two quite different halves.

The western half is a large area of lawn surrounded by the trees that border the perimeter promenade. This space is used for open-air sports and as a meeting place for formal events. The other half of the crescent contains the two most expressive landscape features of the entire operation; a grove and fog garden.

The project's heart lies in the centre of a ring, 30 m in diameter, of 16 Oregon red pines. Here the ground is about one and a half metres lower than its surroundings. This serves two purposes. The first is that the depression creates a microclimate that retains the cooler air at its base, making it the most refreshing place in the park on a hot California summer's day. The second is that the area is spatially perceived as something independent, a place for withdrawal and contemplation. At the centre there is an unusual, small, concrete building with small glass chimneys in its centre that intermittently produce ethereal clouds of freezing fog. These sophisticated «fountains» immediately lower the temperature in the green space by about 10 degrees centigrade, thus ensuring the space can be enjoyed even on the hottest days. The beneficial effects of the artificial mist are not limited to the enjoyment of the users; the creation of this microclimate over the vegetation leads to significant savings in irrigation water. As well as saving money, this respects the ecological need to limit consumption of the area's water resources.

As a result of choosing a specific timetable for the fog that coincided with the rest breaks in the business centre (10 to 12 A.M. and from 2 to 3 P.M.), there were additional water savings, without reducing visitor's enjoyment of this pleasant effect.

The resultitg landscape thus takes on a slightly unreal air. The fog masses move over the lawn and lodge in the vegetation in a dance choreographed by the breeze. By night, a bottom-lighting system makes the atmospheric effect of the fog more dramatic and gives the place a disconcerting, mysterious aura.

To the east of the grove is the garden's other remarkable space. A series of twin mounds recall the site's past as they appear to be piles or earth extracted by the former mining works. These mounds are planted with a carpet of strawberry clover with some dwarf bamboo and irises, all of which are relatively undemanding species.

The garden's furnishings use heavy blocks of stone cut into the form of benches, some of which have back supports. The rocks, weighing up to 250 kg, are from local quarries near the River Yuba, and some, after being polished, reveal the secrets trapped in their interior over geological time.

Uso y significado pueden ser, cuando se aplican a un lugar, dos atributos absolutamente independientes. Para cualquiera de nosotros sería muy fácil hacer dos listas diferentes. Una, de aquellos lugares que, por su historia y pasado se han ganado un lugar en la memoria colectiva, y otra de aquellos otros en donde se desarrolla nuestro trabajo o actividad diaria: los que usamos para un fin concreto.

Prospect Green es un parque de servicios de algo más de 13 ha de superficie —aproximadamente 45.000 m^2 se reservan para uso de oficinas—, situado en el caluroso valle de Sacramento, en California. En 1850 el dragado hidráulico de la zona con fines mineros causó estragos en lo que hasta ese momento había sido un espacio natural privilegiado, provocando un daño irreparable en el equilibrio hidrológico del valle. Las recientes regulaciones que restringen el uso extensivo del agua en el territorio, unidas a una particular sensibilidad hacia el entorno natural, han sido el punto de partida a través del cual el arquitecto George Hargreaves ha convertido el proyecto de una zona de negocios en un lugar en donde las palabras uso y significado adquieren un sentido complementario.

Hargreaves cuenta con un brillante y dilatado historial académico y docente que se ha reflejado en diversas estancias como profesor visitante en las universidades de Pennsylvania (Filadelfia), Harvard (Massachusetts), Virginia, Illinois y San Luis Obispo (California). Actualmente ejerce como profesor adjunto de Arquitectura del Paisaje en la Universidad de Harvard. Dicha universidad realizó en 1987 una exposición itinerante que presentaba los resultados de su actividad profesional en el campo del urbanismo, y que recorrió Estados Unidos y Canadá durante más de dos años (Specific Landscapes). En 1989 ganó los primeros premios de los concursos para el Art's Park de Los Ángeles y el centro cívico de Freemont en California. Entre los proyectos más recientes realizados por su estudio en California mencionaremos, entre otros, los de los parques Byxbee y Plaza (1993), el patio realizado para la firma Hewlett Packard (1992) o los jardines y parque fluvial de Guadalupe (1992). Fuera del ámbito californiano ha realizado, entre otros trabajos, el plan general para la ordenación de la costa de Louisville en el estado de Kentucky (1992).

El parque de servicios de Prospect Green nació de la necesidad de ordenar urbanísticamente una zona de negocios compuesta por nueve edificios de oficinas, un centro comercial y un jardín de infancia. El punto de referencia desde el que se desarrolla el proyecto es una zona ajardi-

A promenade divides the crescent into two very different halves.

A quiet area among the mounds.

The mounds recall the former mines.

Depressed area that maintains a cool microclimate.

View of the east half of the crescent with the fog spreading out.

Un paseo desde el crescent en dos mitades muy distintas.

Una zona de recogimiento situada entre los montículos.

Montículos que recuerdan las antiguas explotaciones mineras.

Ámbito deprimido que mantiene el microclima en su interior.

Visión de la mitad este de la media luna con la bruma extendiéndose.

nada de algo más de una hectárea que, situándose en el centro de la operación, busca una relación con la actividad diaria inspirada en los espacios centrales de los campus universitarios norteamericanos (*quadrangles o quads*). Este espacio en forma de *crescent* o media luna queda vertebrado por una red de recorridos peatonales que unen las diferentes edificaciones. Un paseo principal se sitúa en el eje principal norte-sur y divide la zona en dos mitades de características muy distintas.

La mitad situada a poniente es una amplia extensión de césped rodeada por los árboles que flanquean el paseo perimetral. Este espacio es utilizado como zona de juegos al aire libre y como zona de reunión para eventos formales. La otra mitad del *crescent* contiene los dos elementos paisajísticos más expresivos del conjunto: la arboleda y el jardín de las brumas.

El corazón del proyecto se encuentra en el centro de un anillo de 30 m de diámetro en el que crecen 16 pinos rojos de Oregón. En este lugar el terreno queda deprimido aproximadamente un metro y medio con respecto al nivel que le circunda. De este modo se consigue un doble propósito. Desde el punto de vista climático, la depresión consigue retener en su fondo el aire más fresco, convirtiéndose en el lugar más agradable del parque durante los tórridos días del verano californiano. Desde el punto de vista espacial, este ámbito se percibe como un lugar autónomo, un lugar para el recogimiento y la contemplación. En su centro encontramos un peculiar edículo de hormigón en cuya parte central unas pequeñas chimeneas de cristal producen intermitentemente nubes etéreas de bruma escarchada. Estos sofisticados surtidores refrescan inmediatamente la temperatura de este recinto verde en aproximadamente diez grados centígrados y permiten que el espacio sea disfrutado incluso con las más extremas condiciones de calor. Pero los efectos beneficiosos de la neblina artificial no quedan limitados al disfrute del paseante, sino que la creación de este microclima sobre la vegetación supone un ahorro significativo del agua dedicada al riego, lo que representa además de un cierto ahorro económico, una posición ecológicamente respetuosa con la necesidad de conservación de los recursos hídricos de la zona.

Al haberse elegido un determinado horario de niebla coincidiendo con los periodos de descanso en el centro de negocios (de 10 a 12 h y de 14 a 15 h), se ha conseguido un ahorro suplementario de agua sin tener que mermar los efectos beneficiosos para los visitantes.

El paisaje resultante cobra, de este modo, un cierto aire de naturaleza irreal. Las masas neblinosas se desplazan sobre el césped y anidan en la vegetación siguiendo una coreografía dictada por la brisa. De noche, un sistema de focos de iluminación rasante dramatiza el efecto atmosférico de la bruma y confiere al lugar un halo misterioso e inquietante.

Al este de la arboleda se encuentra el otro espacio singular del jardín. Una serie de montículos gemelos evocan el pasado del lugar cobrando la apariencia de montones de tierra extraídos por las dragas de antiguas explotaciones mineras. Dichos montículos están plantados con un alfombrado de tréboles matizado con algunos tallos de bambú enano y lirios, especies todas ellas que no exigen demasiados cuidados.

Para el mobiliario del jardín se han utilizado pesados monolitos pétreos tallados en forma de bancos con o sin respaldo. Las rocas, de hasta 250 kg de peso, han sido extraídas de las canteras locales junto al río Yuba, y algunas de ellas, tras la talla, han revelado los secretos que permanecieron atrapados en su interior durante las eternidades geológicas.

View of the fog fountain illuminated at sunset.

Visión de la fuente de bruma iluminada al anochecer.

The fog source in the middle of the grove.

El origen de la neblina en el corazón de la arboleda.

General plan of the area and plants in the eastern sector of the crescent.

Planta general del área y plantas del sector oriental de la media luna.

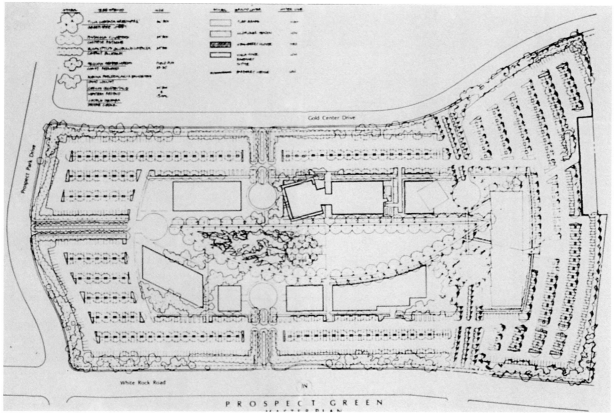

PROSPECT GREEN

Aerial photo of the Arizona Center.

Vista aérea de Arizona Center.

Arizona Center

SWA Group (Sasaki, Walker and Associates)

Location: Phoenix, Arizona
Client/Promoter: The Rouse Company

Large modern commercial centres are more than mere catalysts for trade and business, they are also spaces for socialisation and collective leisure. Although there is an important trend towards siting these installations outside the city centre, some of these schemes are still built in cities, and their landscaping can help them to fit into their urban surroundings, thus increasing their appeal to the public. The Arizona Center fits into the second of these categories. This leisure and commercial centre with offices is in Phoenix, the state capital of Arizona, and opened in 1990. It is sited on the block between Fifth Street (east), Third Street (west) and Van Buren Street (south). This private development by the Rouse Company increases service and public garden provision for downtown Phoenix.

The SWA Group was commissioned to do the urban and landscape design of the Arizona Center, including construction observation for the first phase of building, covering 9.29 ha of offices and retail space, forming a festival market square set in a 1.2-ha garden. In the second phase, further office and retail space and a 400-room hotel was completed, with a total built surface of over 30,000 m?.

The SWA Group arose as part of Sasaki Associates Inc., from which it separated in 1973, and now has six offices in the USA. The group includes landscape architects, urban designers, territorial planning, the environment and the audio-visual media. Their clients include the National Parks Service, city halls, as well as more modest private companies and promoters.

SWA's design goal for the Arizona Center was to create an urban desert garden that was not just a support for the commercial project, but made the city centre more attractive, encouraging the public to come and stroll around it. Judging by its popularity, it is a success.

Phoenix is located in the semi-arid valley of the Salt River, and, in keeping with the local importance of irrigation, the Arizona Center revolves around a lush, green oasis that concentrates palm trees and water. At the centre of the composition, two-storey buildings - facing southeast and housing the restaurant terraces - and gardens form a circle with a dense grove of palms in its centre. The terraces are on a higher level than the gardens, making them excellent observation points.

The inclined plane that radiates out from the central oasis has been planted with local species to make a small-scale desert garden, whose elegant, sinuous design appears a tapestry when seen from the surrounding tall office buildings. The unusual geometry of the parterres, planted in strips of different colours and textures, creates winding paths.

The eastern edge of the parterre area is a shady covered walkway with remarkable furnishings; trellises surround slender metallic columns that terminate in a fan of metal «leaves». They are also used next to the terraces of the central building.

The central buildings have a curved ground plan, while the built volumes behind them are rectangular slabs, and between them there are garden spaces crossed by connecting walkways.

The palm trees help to define the space and prolong the garden towards the street, reducing the perceived scale of the tall buildings around it, as well as providing shade. Deciduous mesquite trees (Prosopis Juliflora) allow winter sun but provide summer shade, as do the bougainvillaeas. Several Ficus trees are also dotted around the garden.

Water is a major feature in the oasis that is the Arizona Center. It is present in the refreshing fountains that spring from the paving, the small cascade and the pool it runs down to. The pool's sinuous outline partially surrounds the central area, and has a bed of rounded stones.

Irregular slabs are used for the paving, and much of the rest of the garden's finish is also in stone, including the edge of the pool and the strips of different width on the walls between the level of the pool and that of the terrace. The lighting includes cylindrical lights set in the railings, and points of light built into the bases of the fan-shaped pergola, which create an attractive effect of light and shade on the «leaves» and the climbing plants.

The Arizona Center is open 24 hours a day, and caters for a very varied public, including the employees of the neighbouring offices who come here in their lunch hour. An amenity for the city and a meeting point, it is often the scene for open-air activities, and in the larger context, its versatility breathes life into downtown Phoenix. The direct references to exotic places, such as oases, and the imagination shown in some features show the current tendency in the USA for new commercial and leisure centres to absorb, to some extent, the spirit of amusement parks.

The fountains play an important role in the centre, which is inspired by the idea of the oasis.

The fantasy shown in the fan-shaped forms shading the walkway is an attractive detail.

The sinuous pool, surrounded by palms, is an oasis in the centre of Phoenix.

The Arizona Center's facilities are excellent for spontaneous events.

Las fuentes desempeñan un importante papel en este centro, cuya estética se ha inspirado en la idea del oasis.

La fantasía de las formas en abanico que dan sombra a los paseos contribuye al atractivo de este espacio.

El estanque serpenteante, circundado de palmeras, ofrece la inequívoca imagen de un oasis en pleno centro de Phoenix.

Las instalaciones del Arizona Center resultan muy adecuadas para celebrar espectáculos improvisados.

The area with undulating parterres encourages the visitor to stroll

The central terrace area is next to the small cascades.

The excellent combination of businesses and gardens is one reason for this new centre's success.

La zona que cubren los parterres, de perfiles sinuosos, invita al paseo.

Zona central de terrazas situada junto a las pequeñas cascadas.

La excelente integración de comercios y jardines es una de las razones del éxito de este nuevo centro urbano.

Los grandes centros comerciales actuales ya no son sólo meros catalizadores de la transacción y el negocio, sino también espacios de relación social y ocio colectivo. Si bien una importante tendencia consiste en ubicar estos grandes contenedores en el extrarradio urbano, se mantienen las grandes operaciones dentro de la ciudad, en las que el diseño de las superficies exteriores anejas contribuye decisivamente a su integración en la trama urbana y a la potenciación de su atractivo para el público. A este segundo tipo pertenece Arizona Center, centro comercial, de ocio y oficinas inaugurado en 1990 en la capital del estado norteamericano de Arizona, en la manzana que limitan las calles Quinta (este), Tercera (oeste) y Van Buren (sur). Se trata de un proyecto de promoción privada —realizada por la empresa The Rouse Company— que aumenta la dotación de jardines públicos y servicios del casco urbano de Phoenix.

El Grupo SWA fue el encargado del diseño urbano y paisajístico de Arizona Center, incluyendo el control de obras de la primera fase construida, de 9,29 ha de oficinas y comercios minoristas, instalados a modo de festiva plaza del mercado en el marco de un jardín de 1,2 ha. En una segunda fase, a estas superficies se sumará más espacio destinado a oficinas y comercios, así como para un hotel de 400 habitaciones, hasta completar un total de superficie construida de unos 30.000 m².

El Grupo SWA se constituyó a partir de la firma Sasaki y Asociados, de la que se independizó en 1973, y cuenta con seis oficinas en diferentes puntos de EE.UU. Sus componentes proceden de la arquitectura del paisaje, el diseño urbano, la planificación territorial, el medio ambiente y los medios audiovisuales, por lo que su campo de actuación es muy vasto. Entre sus clientes se cuentan tanto el Servicio Nacional de Parques o ayuntamientos de diferente capacidad, en el sector público, como grandes empresas o promotores más modestos, en el privado.

El objetivo de SWA para Arizona Center fue crear un jardín urbano de carácter desértico que no sólo sirviera de apoyo al proyecto comercial, sino que diera al centro de la ciudad un atractivo tal que estimulara al público a acudir y circular por él, objetivo que, a juzgar por la aceptación que ha tenido, ha sido felizmente cumplido.

Haciendo honor a la decisiva importancia que tuvieron los regadíos en el desarrollo inicial de Phoenix, dentro del valle semiárido que cruza el Salt River, Arizona Center gira en torno a un oasis de agua y verdor en el que concurren las palmeras y el agua. En el centro de la composición, edificios de dos alturas —que acogen las terrazas, orientadas a sureste, de los locales dedicados a la restauración— y jardines conforman conjuntamente una planta circular cuyo punto medio ocupa un apretado palmeral. La cota de las terrazas, superior a la del jardín, las convierte en un privilegiado punto de observación.

Desde el oasis de la zona central se extiende un plano inclinado plantado de especies desérticas que constituye un jardín de escala reducida, cuyo elegante y sinuoso diseño se aprecia como un tapiz desde las torres de oficinas circundantes. La singular geometría ondulante de los parterres, en los que las plantaciones se disponen en franjas curvas de diferentes colores y texturas, deja entre ellos caminos serpenteantes por los que pasear.

El flanco este de la zona de los parterres está delimitado por un paseo a la sombra, cubierto con elementos de singular diseño: esbeltas columnas metálicas provistas de un enrejado destinado a plantas trepadoras soportan una cubierta de lamas en forma de abanico, cuyo diseño se repite junto a las terrazas del edificio central.

Entre las edificaciones centrales de planta curva y los volúmenes edificados posteriores, prismáticos, se producen pasajes ajardinados que son cruzados transversalmente por pasarelas de conexión.

Las palmeras contribuyen en gran medida a la definición del espacio, prolongando el jardín hacia la calle y reduciendo perceptivamente la escala de los altos edificios que lo rodean, a la vez que proporcionan sombra al recinto. Los árboles mesquite *(Prosopis julipora)* de hoja caduca, por su parte, dejan pasar el sol en invierno y proporcionan sombra en verano, de modo análogo a las buganvillas. Los ficus, por último, son otra especie presente en varios rincones de los jardines.

En el papel de oasis que representa Arizona Center, el agua constituye un elemento fundamental. Ésta se presenta en forma de refrescantes fuentes que brotan del pavimento, o pequeñas cascadas que descienden hacia el estanque, de perfil sinuoso y con un lecho de cantos rodados, que rodea parcialmente a la zona central.

La piedra es un material de acabado que se repite por todo el jardín: en los pavimentos, cortada en losas de formas irregulares, en los bordillos de los estanques, en las bandas de anchuras diversas que revisten los muros con que se salva el desnivel entre la zona de terrazas y el estanque. En el sistema de iluminación se incluyen elementos cilíndricos integrados en las barandillas a modo de pilones intermedios y puntos de luz incorporados a los soportes de la pérgola en abanico, que ofrecen un sugerente juego de luces y sombras sobre las lamas superiores y las plantas trepadoras.

Arizona Center permanece abierto todo el día y da cabida a un público muy heterogéneo, incluidos los empleados de las oficinas cercanas, que lo llenan a la hora del almuerzo. Como foco de atracción y punto de encuentro en la ciudad, es escenario frecuente de actuaciones al aire libre y, dentro de un contexto mayor, constituye, por su carácter polifuncional, todo un nuevo sector que da vida al centro urbano de Phoenix. Sus directas referencias a ambientes exóticos, como los oasis, y la fantasía desplegada en el diseño de algunos de sus elementos, remiten a la actual tendencia presente en EE.UU., por la que los nuevos centros comerciales y de ocio se impregnan, en mayor o menor medida, del espíritu de los grandes parques temáticos.

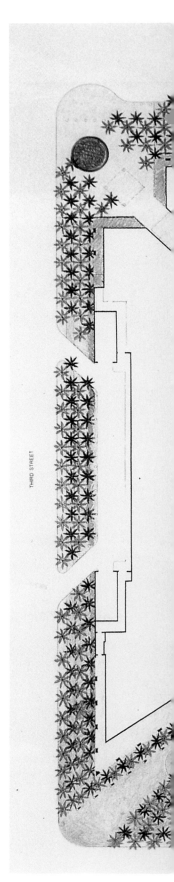

General plan of the Arizona Center.

Planta general de Arizona Center.

174

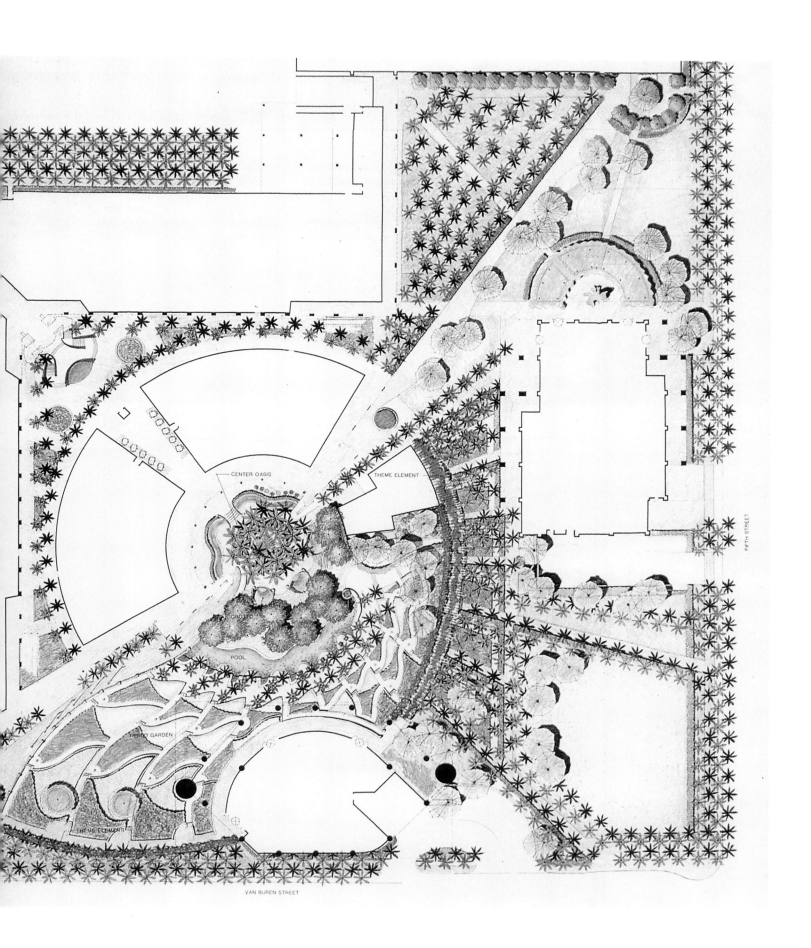

CENTER OASIS

THEME ELEMENT

GROTTO

POOL

THEME GARDEN

THEME ELEMENT

VAN BUREN STREET

FIFTH STREET

175

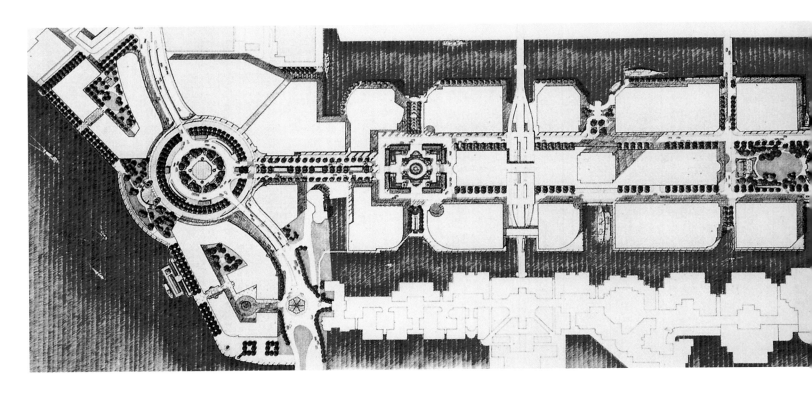

General plan.

Layout of the buildings in their sur-roundings.

View of one of the large squares in Canary Wharf.

Planta general.

Disposición del conjunto en su entorno.

Vista de una de las grandes plazas del Canary Wharf.

Canary Wharf
Hanna/Olin

Location: London, United Kingdom
Collaborators: Skidmore, Owings & Merrill, Chicago, USA

One of the largest urban planning operations in Europe during the 1980s (together with La Biccocca in Milan, El Lingotto in Turin, the Ij axis in Amsterdam, and others) was the restructuring of the London docklands, which received great critical acclaim. All these schemes share one essential requirement; to carry out such a large-scale operation means the proposals from all the professional teams involved in the creative process must be subordinated to the overall concept underlying the scheme.

In spite of this, Hanna/Olin, the company responsible for landscaping Canary Wharf in London, managed to subordinate their ideas to the overall plan without losing their personal stylistic language. In the context of the redevelopment of the wharves on the Thames (by the prestigious firm Skidmore, Owings & Merrill), Robert Mitchell Hanna, Laurie Dewar Olin and Dennis C. McGlade's proposals fit naturally into the riverside surroundings without subordinating their creative style.

Since 1976 the Hanna/Olin company has made its reputation in urban landscaping with such acclaimed designs as the Carnegie Center, the World of Primates at Philadephia Zoo, the Long Beach Museum of Art and Battery City Park. Their creative philosophy (combining ecology and technology in a social, cultural and aesthetic celebration of public spaces) is based on the personalities of its three leading members. Robert Mitchell Hanna graduated in architecture from the University of Washington in 1959, and he has since specialised in landscaping, acquiring master's degrees in this subject from Harvard and Pennsylvania Universities. Olin graduated in architecture from the University of Washington in 1961 and is a registered landscape architect in New York, Ohio, Pennsylvania and Massachussets. Denis C.

177

McGlade joined the company in 1978 after working in companies like Wallace, McHarg, Roberts and Tood, and he became a director in 1984. He graduated in Landscape Architecture from the University of Illinois and obtained his master's degree from Pennsylvania University in the same subject.

The company's success is also shown by the outstanding team of architects and town-planning and landscape designers. Their high level of competence means that their clients and collaborators include some of today's most prestigious creative artists, including Eiseman Architects, Foster Associates, I.M. Pei & Partners, Richard Rogers Partnership and Venturi, Rauch & Scott-Brown.

Without a doubt, one of the best-known schemes they have participated in has been the remodelling of the wharves along the Thames, carried out wih Skidmore, Owings & Merrill (widely known by their initials SOM). They received the 1991 British Association of Landscape Industries Principal Award for this project. The Canary Wharf scheme was an integral part of a vast restructuring programme to revitalise a large 71 –acre (29-ha) riverside site.

The site corresponds to the former West India Maritime Shipping Facilities docks and formed part of a planning scheme to revitalise the area and convert it into one of the most important financial areas of the British capital. The ambitious scheme includes more than 10 million square feet built for the financial services sector, set within a well-defined public area.

Hanna/Olin's aim was essentially to provide the financial complex with urban, social and cultural substance. To do this, the landscapers relied on one of the principles underlying any creative activity, unity in diversity. In planning operations on this scale it is necessary to make the scheme as a whole consistent, joining the different features in the extensive itinerary using precise and imaginative solutions.

The basic structure of SOM's design is axial. The scheme is a classic axis, alongside which are the many buildings forming the financial centre. This stretch includes several public urban spaces, especially urban squares, fountains, gardens, boulevards and esplanades. This was possible because of the exceptional coordination of the landscaping with the architecture and the pedestrian and traffic infraestructure.

Hanna/Olin aimed to create an «established» landscape, that is to say, one that used semimature plant materials to reflect the growth of the corporate buildings. The plants chosen took a series of decisive factors into account; the most adequate species were located and acquired from nurseries all over the world and innovative planting systems were also used. Special attention was also paid to growth support systems to overcome the site's difficult climatic and environmental conditions. The planting procedures had to ensure the longevity of the plants, shrubs and trees, by counteracting as far as possible the site's stressful environment; high winds, limited root space, and restricted water and drainage.

To sum up, Hanna/Olin's excellent results here are based on understanding the need for social and cultural identity raised by the redevelopment of the London docklands, without losing the characteristic style that has made the company one of the best practitioners of urban and corporate landscaping.

In the foreground one of the many fountains in the urban landscape.

Large trees are dotted along the routes.

Flower beds form part of the overall landscape design.

Furnishing and lighting complement each other.

En primer plano, una de las fuentes que dinamizan el paisaje urbano.

Grandes árboles jalonan el trazado viario.

Algunos macizos florales forman parte del diseño paisajístico del conjunto.

Mobiliario e iluminación se complementan mutuamente

Entre las grandes planificaciones urbanísticas realizadas en Europa a lo largo de la década de los ochenta (la Biccoci en Milán, el Lingotto en Turín, el eje Ij de Amsterdam, entre otras), una de las que ha merecido mayor atención crítica ha sido, sin duda, la reestructuración de los Docklands de la capital británica. Todas ellas comparten un requisito indispensable: llevar a cabo intervenciones de tal envergadura exige que las propuestas de todos los equipos profesionales implicados en el proceso creativo se subordinen a la concepción global del proyecto.

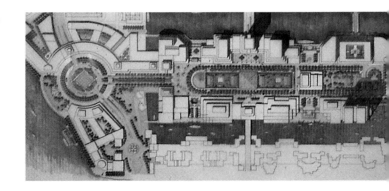

A pesar de ello, Hanna/Olin, la empresa responsable de la actuación paisajística en el Canary Wharf londinense, ha conseguido supeditar sus ideas a la planificación general sin perder su peculiar lenguaje estilístico. En el contexto de la nueva sistematización de los muelles del Támesis (obra de la prestigiosa firma Skidmore, Owings & Merrill), la propuesta de Robert Mitchell Hanna, Laurie Dewar Olin y Dennis C. McGlade se integra con total naturalidad en el entorno urbanístico-fluvial sin necesidad de someter su personalidad creativa.

Desde 1976, la sociedad Hanna/Olin ha cimentado su fama en el ámbito del paisajismo urbano con obras tan celebradas como el Carnegie Center, el World of Primates del zoológico de Filadelfia, el Museo de Arte de Long Beach o el Battery City Park. Su filosofía creativa (combinación de ecología y tecnología en beneficio de una celebración social, cultural y estética de los espacios públicos) está fundamentada en la personalidad de sus tres componentes principales. Robert Mitchell Hanna, arquitecto por la Universidad de Washington desde 1959, se ha especializado en el ámbito del paisajismo mediante la consecución de varios másters en las universidades de Harvard y Pennsylvania. Olin, licenciada como arquitecto por la universidad de la capital estadounidense en 1961, está registrada como paisajista por Nueva York, Ohio, Pennsylvania y Massachusetts. Por su parte, McGlade se asoció a la firma en 1978 tras haber trabajado para empresas como la Wallace, McHarg, Roberts and Todd llegando a la cúpula directiva en 1984. En su formación destacan el título de paisajista por la Universidad de Illinois y el máster en la misma categoría por la Universidad de Pennsylvania.

El éxito de la sociedad está igualmente avalado por la presencia de un equipo de destacados profesionales en el ámbito de la arquitectura, el urbanismo y el diseño paisajístico. Su alto nivel de competitividad ha hecho que, entre la lista de clientes y colaboradores, se encuentren algunas de las firmas más prestigiosas del actual panorama creativo: Eisenman Architects, Foster Associates, I.M. Pei & Partners, Richard Rogers Partnership o Venturi, Rauch & Scott-Brown.

Sin embargo, una de sus participaciones más celebradas ha sido la que, junto al estudio Skidmore, Owings & Merrill (más conocidos por las siglas SOM), han llevado a cabo en la remodelación urbanística y funcional de los muelles del Támesis, labor por la que recibieron el premio de la British Association of Landscape Industries en 1991. La actuación paisajística en el Canary Wharf, como parte integrante de un vasto programa de reestructuración, tenía como objetivo fundamental la revitalización de una extensa superficie de 71 acres, situada junto al río londinense.

Este terreno, correspondiente a los antiguos equipamientos de las West India Maritime Shippiing Facilities, formaba parte de una planificación que pretendía revitalizar la zona para convertirla en uno de los centros financieros más pujantes de la capital británica. Mediante esta ambiciosa intervención, se han recuperado más de trescientos mil metros

cuadrados de los históricos muelles, reconvirtiendo su anterior funcionalidad para asumir unos usos más adecuados al momento actual.

El cometido esencial de la sociedad Hanna/Olin consistió en otorgar una entidad urbana, social y cultural al nuevo complejo financiero. Para ello, los paisajistas se acogieron a uno de los principios fundamentales de cualquier actividad creativa, el de la diversidad dentro de la unidad: en proyectos de tal magnitud es necesario otorgar un carácter homogéneo al conjunto, pero salvando los distintos episodios de su extenso itinerario mediante soluciones precisas e imaginativas.

El desarrollo estructural de la intervención de la firma SOM es de carácter axial. La actuación se ha enmarcado dentro del concepto clásico de eje, en torno al cual se distribuyen los múltiples edificios que conforman el centro financiero. Este recorrido se ha jalonado mediante la integración de diversos espacios urbanos de disponibilidad pública, entre los que destacan plazas, fuentes, jardines, bulevares y explanadas. Esto ha sido posible gracias a la extraordinaria coordinación entre los volúmenes arquitectónicos y la ordenación de infraestructuras viarias y peatonales.

Los objetivos de Hanna/Olin estuvieron basados en la creación de un paisaje urbano previamente establecido, es decir, que ofreciera una imagen de cierta madurez paralela al crecimiento constructivo de los edificios corporativos. Por esta razón, en el proceso de selección de especies se han tenido en cuenta una serie de aspectos decisivos: desde la búsqueda y adquisición de las plantas más adecuadas en viveros de todo el mundo hasta los sistemas de plantación más pertinentes. Asimismo, se ha prestado especial atención a los sistemas de soporte, atendiendo a los difíciles factores climáticos y ambientales del lugar. Los procedimientos de plantación debían asegurar la máxima longevidad de árboles, arbustos y plantas, contrarrestando en la medida de lo posible los aspectos negativos del entorno: la acción frecuente de vientos de gran potencia, el escaso espacio destinado a las raíces; y las múltiples restricciones de irrigación y drenaje motivadas por la cercana presencia del curso fluvial.

Como conclusión se puede afirmar que los grandes hallazgos de la sociedad Hanna/Olin en esta actuación están fundamentados en el concepto de comprensión de las necesidades de identidad social y cultural que exige la rehabilitación urbanística de los muelles londinenses, sin perder por ello la impronta estilística que ha hecho de la firma uno de los mejores exponentes del paisajismo urbano y corporativo.

General plan of Canary Wharf, showing axial structure.

Vista General de Canary Wharf, mostrando una estructura axial.

Hotel Arts
Hanna/Olin

Location: Olympic Village, Barcelona, Spain
Client/Promoter: Travelstead Group
Collaborators: Bet Figueras

One of the urban development aims behind holding the Olympic Games in Barcelona in 1992 was to recover the city's maritime identity. Barcelona had turned its back on its Mediterranean character, and economic expansion had left its coastline a chaotic series of obsolete and mediocre industrial facilities. One of the most important points in the far-reaching plan, directed by Oriol Bohigas, to remodel the sea front is the design of the Olympic Village, a six-acre site housing an extensive and varied range of functions, including hotels, offices, residential housing, and shopping centres.

This is the setting for two of the towering symbols of Barcelona's new image; the Mapfre Tower and the Hotel Arts. The Mapfre Tower is the work of Iñigo Ortiz Diez de Tortosa and Enrique de León García, while the Hotel Arts was designed by Skidmore, Owings and Merrill. The highly vertical nature of these striking buildings required a landscape designed to lessen their potential environmental impact on Barcelona's basically fiat image. Landscaping was by the renowned firm of Hanna/Olin, one of the most creative and critically acclaimed international landscape studios.

Robert Mitchell Hanna and Laurie Dewar Olin founded their company in 1976, and since then success in landscaping has been a constant feature of their professional career. This started with the undeniably successful landscaping of the Johnson & Johnson headquarters, and their fame has grown thanks to projects like Battery Park City in New York, the World of Primates at Philadelphia Zoo, Canary Wharf in the London Docklands, the Wexner Center for the Visual Arts in Columbus, Ohio and the Bryant Park in New York.

View upwards from the base of the imposing Hotel Arts.

Contrapicado del impresionante Hotel Arts.

183

In 1984 the company was strengthened when Dennis C. McGlade joined, after leaving Wallace, McHarg, Roberts and Todd. Their academic training, together with their teaching and research work, is one of the pillars of their special approach to landscaping. Their philosophy is based on the concepts of context and the genius loci; however, their interpretation is never nostalgic or backwards-looking, but searches for adaptation to the contemporary keys to each time and place.

This synthesis of chronological and cultural values is present in the project under discussion, the recovery of the Barcelona sea front, now dominated by the Mapfre Tower and the Hotel Arts. In the second of these buildings, Hanna/Olin's landscaping responsibilities were even greater, because the public nature of this space makes it one of the most representative city spaces of the new Barcelona. There are two main attractions for passers-by: the covered access passage to the hotel, lined by waterfalls and groups of plants that humanise the building's innovative architecture; and the shopping centre in the basement. This creates a set of pedestrian levels and communications that contributes to multiplying the visual sequences.

This expressive and multiple itinerary means that all the perspectives converge on a strategic point, dominated by the splendid fish-sculpture by the Canadian architect, Frank O. Gehry. Its three-dimensional, reticular form is emphasised by the use of a coppery material, in which the sunlight produces an extraordinary range of colours and coloured reflections.

Together with these features, new symbols of the city, the landscaping has obeyed a series of cultural parameters that basically aim to recover the city's Mediterranean essence. Hanna/Olin, in collaboration with the architects chosen, took responsibility for planning the external spaces, with the aim of relating the area's different architectural styles to each other and connecting them to the pedestrian fabric of the seafront promenade. The American firm also had to coordinate the specific tasks related to planting the vegetation, selecting the species and horticultural techniques to be used, and controlling the air quality.

The creative philosophy behind this project is to create different spaces that, although they are formally separate, form part of the climatic and cultural essence of Catalonia. To do this the architects proposed a metaphor that gives the project a strong story to tell; the idea of a river valley that fits in naturally with the local agricultural landscape.

The space has been laid out in terraced gardens, grass areas and orchards that recall the surrounding hillsides. The layout of the communication routes is rational, while the design of the spaces has been influenced by the art of some of Spain's most famous painters. Picasso's cubism influenced the geometric layout of shrubs and flower beds that edge the pathways, while Miró's paintings inspired the organic shape of the plantings.

The selection of plants also corresponds to a local, Mediterranean character. The main plants used are pomegranates, palms, jasmines, pear trees, chinaberries and olive trees, which create shade in the public and private areas. Water also plays an important role throughout the design, not only in the covered passage formed by the hotel entrance; a magnificent pool runs north-south, parallel to the sea front, and crosses the site's different landscape sequences.

The final result is highly expressive and narrative. Hanna/Olin have managed to express the tradition and culture of the capital of

Rises and falls, and geometric forms, underlie the different garden areas.

Palms form part of the essence of the Mediterranean.

In the background, the Mapfre Tower.

The organic forms are inspired by the art of Miró.

Geometría y desniveles ordenan los distintos espacios ajardinados.

Las palmeras forman parte esencial de las culturas mediterráneas.

Al fondo, la Torre Mapfre.

Las formas orgánicas están inspiradas en el arte de Miró.

Catalonia, without renouncing the use of innovative strategic techniques. Their design humanises the surroundings, giving them a personality that fits in with Barcelona's essence as a coastal city, now recovered and modernised.

Uno de los objetivos urbanísticos impulsados por la celebración de los Juegos Olímpicos de Barcelona'92 consistió en la recuperación de la identidad marítima de la ciudad. La capital catalana había dado la espalda a su esencia mediterránea, ya que la expansión económica había convertido su línea costera en una caótica sucesión de obsoletos y mediocres equipamientos industriales. El vasto plan de remodelación de la fachada marítima barcelonesa, dirigido por Oriol Bohigas, tiene uno de sus exponentes más destacados en el diseño de la Vila Olímpica, una extensa superficie de seis acres donde se desarrolla un amplio programa multifuncional, que incluye hotel, oficinas, áreas residenciales y galerías comerciales.

En este contexto, se elevan majestuosos dos de los símbolos emblemáticos de la nueva imagen barcelonesa: la Torre Mapfre, concebida por Íñigo Ortiz Díez de Tortosa y Enrique de León García; y el Hotel Arts, proyectado por Skidmore, Owings and Merrill. La extremada verticalidad de estos imponentes edificios hizo necesaria una intervención paisajística que atenuara los posibles riesgos de impacto ambiental en la imagen esencialmente plana de Barcelona. Los artífices de esta actuación pertenecen a la prestigiosa firma Hanna/Olin, una de las compañías creativas con mayor proyección internacional y reconocimiento crítico.

Desde que, en 1976, Robert Mitchell Hanna y Laurie Dewar Olin fundaron la empresa que lleva sus nombres, los éxitos en el ámbito paisajís-

One of private areas around the hotel.

View of one of the palm groves.

The landscaping took responsibility for reconciling the different architectural elements.

Olives were chosen for cultural reasons.

Uno de los espacios que rodean el hotel.

Vista de uno de los palmerales.

La intervención paisajística se encarga de reconciliar las distintas arquitecturas.

La elección de los olivos responde a motivos culturales.

One of the designs most distinctive architectural features.

Uno de los motivos arquitectónicos más característicos del lugar.

tico han sido una constante en su trayectoria profesional. Una trayectoria que tuvo un inicio incontestable con la planificación exterior de la sede de Johnson & Johnson y que se ha consolidado gracias a obras como el neoyorquino Battery Park City, el World of Primates del zoológico de Filadelfia, el Canary Wharf de los Docklands londinenses, el Wexner Center for the Visual Arts en Columbus (Ohio), o el Bryant Park de Nueva York.

En 1984, la firma se vio reforzada por la incorporación a la cúpula directiva de Dennis C. McGlade, procedente de la Wallace, McHarg, Roberts and Todd. La formación académica de los tres profesionales, junto a su labor docente y de investigación, es otro de los pilares sobre los que se ha cimentado su personal visión del paisajismo. Su filosofía se fundamenta, principalmente, en los conceptos de contextualismo y genius loci; no obstante, su interpretación nunca es nostálgica o retroactiva, sino que persigue la adaptación a las claves contemporáneas de cada época y lugar.

Esta síntesis de valores cronológicos y culturales está presente en la obra que aquí se analiza, la recuperación de la fachada marítima en el área barcelonesa presidida por la Torre Mapfre y el Hotel Arts. En este último, se ha incrementado la labor paisajística del grupo Hanna/Olin, puesto que su carácter de accesibilidad pública lo convierte en uno de los espacios ciudadanos más característicos de la nueva Barcelona. Esta disponibilidad por parte de los viandantes tiene sus principales alicientes en dos factores: el pasaje cubierto que da acceso al hotel, flanqueado por cascadas y juegos de vegetación que humanizan la innovadora arquitectura del edificio; y las galerías comerciales que ocupan su planta subterránea. Esto provoca un juego de niveles y comunicaciones peatonales que contribuye a multiplicar las secuencias visuales del lugar.

Este expresivo y múltiple itinerario hace que todas las perspectivas confluyan en un punto estratégico, presidido por el magnífico pez-escultura de Frank O. Gehry, el genial arquitecto canadiense. Su configuración reticular y tridimensional está enfatizada por la elección del material cúprico, sobre el que los rayos solares producen un extraordinario crisol de matices y reflejos cromáticos.

Junto a estos elementos de carácter simbólico en la imagen ciudadana, la intervención paisajística se ha regido por una serie de parámetros culturales, cuyo objetivo fundamental consiste en la recuperación de la esencia mediterránea de la ciudad. Hanna/Olin, en colaboración con un selecto grupo de arquitectos, se han encargado de planificar el espacio exterior, con el objeto de relacionar las distintas arquitecturas del lugar y conectarlas con los tejidos peatonales del paseo marítimo. Asimismo, la firma estadounidense tuvo que coordinar las tareas específicas de plantación, selección de especies, técnicas de horticultura y control de la calidad del aire.

La filosofía creativa de este trabajo está dirigida a la configuración de espacios diferentes que, a pesar de su autonomía formal, compartan el espíritu climático y cultural de Cataluña. Para ello, los autores han propuesto una metáfora que proporcione contenido narrativo a la intervención: la idea del valle fluvial que se integra con naturalidad en el paisaje agrícola local.

La ordenación del espacio se ha realizado a partir de jardines aterrazados, parterres de césped y plantaciones frutales que evocan las colinas circundantes. Junto a la organización racional de los trazados comunicativos, el diseño espacial se ha visto influido por los valores artísticos de algunos de los más célebres pintores españoles: así, el cubismo de Picasso determina la ordenación geométrica de los arbustos y macizos florales que bordean los caminos; por otra parte, la pintura de Miró inspira la forma orgánica de algunas de las superficies de vegetación.

La selección de especies también se ha imbuído del carácter localista y mediterráneo. Las más utilizadas son los granados, palmeras, jazmines, perales, melias y olivos, que procuran sombra en los espacios de carácter público y privado. También el agua cobra una importancia destacada en el diseño, no sólo en el pasaje cubierto que sirve de entrada al hotel: un magnífico estanque se prolonga de norte a sur, de forma paralela a la fachada costera, y atraviesa las distintas secuencias paisajísticas del lugar.

El conjunto final se revela en toda su magnitud expresiva y narrativa. La firma Hanna/Olin ha sabido plasmar el espíritu tradicional y cultural de la capital catalana, sin renunciar a la utilización de innovadoras estrategias técnicas. La intervención humaniza el entorno y lo dota de una personalidad acorde con la recuperada y actualizada esencia marítima de la ciudad barcelonesa.

Grass areas are essential in a project of this type.

El césped es un elemento indispensable en actuaciones de este tipo.

Pergolas and in the background, the fish-sculpture from Gehry.

Estructuras apergoladas. Al fondo la escultura de Gehry.

General plan of the project.

Plano general de la intervención.